HAGAR QIM/MNAJDRA 6

Ein Steinzeittempel reicht? Dann dieser! Ganz einsam steht er zwischen Feldern mit weitem Blick aufs Mittelmeer.

Tipp: Das Schutzdach verhindert jede Totale. Stelle jemanden ins Tempeltor, das vermittelt am besten die gewaltige Größe.

➤ S. 76, Maltas Südosten

CATACOMBS 7

Unter dem heutigen Rabat liegen große Totenstädte. Etwas gruselig die Vorstellung, aber in der Antike wurden Festmähler zwischen all den Gräbern abgehalten.

➤ S. 87, Zentralmalta

FONTANELLA TEA GARDEN 8

Hier auf der Stadtmauer Mdinas liegt einem halb Malta zu Füßen. Und die vielen Törtchen lassen dich im siebten Himmel schweben.

➤ S. 89, Zentralmalta

GHAJN TUFFIEHA BAY 9

Traumstrand gefunden! Keine Uferstraße, kein Hotel, kein Sport, nur eine Beachbar. Feiner Sand, ein klares Meer. Und meist wenig Menschen.

➤ S. 104, Maltas Nordwesten

CITTADELLA 10

Ein altes Städtchen ganz ohne Autos. Enge Gassen, viel Natur. Nur zwei Restaurants, null Souvenirs. Einfach echt!

Tipp: Vor dem Stadttor warten, bis ein Mönch oder Priester herauskommt.

➤ S. 111, Gozo

INHALT

GOZO
MALTAS NORDWESTEN
IN UND UM VALLETTA
ZENTRALMALTA
MALTAS SÜDOSTEN

⏲	Besuch planen	🍴	Essen/Trinken
€-€€€	Preiskategorien	🛍	Shoppen
(*)	Kostenpflichtige Telefonnummer	🍸	Ausgehen
		⛱	Top-Strände

(🗺 A2) Herausnehmbare Faltkarte
(🗺 a2) Zusatzkarte auf der Faltkarte
(0) Außerhalb des Faltkartenausschnitts

BESSER PLANEN MEHR ERLEBEN!

Digitale Extras
go.marcopolo.de/app/mal

DAS BESTE ZUERST

Von Wind und Wellen geformt: St Peter's Pool

BEST OF

BEI REGEN

SCHÖN, AUCH WENN ES REGNET

ZEITREISE IM TROCKENEN
Mit Audiovisionsshows wollen etliche Malteser Geld verdienen. Wirklich lohnenswert ist nur die *Malta Experience*. Super Musik, bombastische Bilder, gute Texte auf Deutsch – Maltas Geschichte unterhaltsam und ganz ohne Mief.
➤ S. 50, Valletta

KUNST IM FESTUNGSBOLLWERK
Die lange Rampe im *St James Cavalier* ist die vielleicht schönste Steigung der Insel. Oben erwarten dich moderne Kunst, ein Programmkino und ein intimes, kleines Theater, in dem oft provokante Stücke gespielt werden.
➤ S. 54, Valletta

GROSSSTADTSHOPPING
Aufregende Shoppingmalls gibt es im kleinen Malta nicht. Nur *The Point* erreicht annähernd internationales Niveau. In dessen 50 Geschäften entdeckt man auch viele namhafte Labels (Foto).
➤ S. 59, Valletta

FISCHE GUCKEN
Manche der Fische, die im *National Aquarium* in St Paul's Bay schwimmen, kennt man schon vom Teller her. Viele andere bekommen sonst nur Taucher zu Gesicht: Haie und Riesenrochen z. B. Als Bonus gibt es exotische Schlangen.
➤ S. 103, Maltas Nordwesten

UNTER DER ERDE
Bei Regen gewährt auch die Höhle *Ghar Dalam* Unterschlupf. In 200 m Tiefe stößt man auf Knochen von prähistorischen Wölfen, Füchsen und sogar Zwergelefanten, die hier lebten.
➤ S. 76, Maltas Südosten

HOLLYWOOD AUF MALTA
Sage und schreibe 13 Kinosäle und ein super Sound: Wer statt dunkler Wolken Hollywoodstreifen sehen will, genießt im *Eden Century Cinema Complex* die große Auswahl.
➤ S. 63, Valletta

BEST OF

LOW-BUDGET

FÜR DEN KLEINEN GELDBEUTEL

DIE KIOSKE VON ST. PAUL'S BAY

Es gibt sie überall in Malta, doch an der St Paul's Bay sind sie am schönsten: große Kioske mit schlichten Stühlen und Tischen an der Uferpromenade. Da isst und trinkt man preiswert und völlig informell. So auch der *Harmony Kiosk* in der *Triq it-Trunciera* . Der Name ist Programm: zwischen viel Grün mit Blick aufs Meer sitzen und den Rest der Welt hinter sich lassen. So machen es auch die Einheimischen.

➤ Maltas Nordwesten

BEIM BÄCKER VORBEISCHAUEN

Mach's wie die Malteser. Die holen sich kleine Leckereien beim Bäcker und verzehren sie auf einer Parkbank oder einem Mäuerchen. In den Bäckereien gibt es nicht nur Süßes: Kleine, mit Fleisch, Käse oder Gemüse gefüllte Strudelteigtaschen, die *pastizzi* (Foto), gehören traditionell dorthin, Pizzaecken sind neu hinzugekommen.

➤ S. 27, Essen & Trinken

BUSFAHREN ZUM TRAUMPREIS

Gern unterwegs? Wer auf Malta ohne Mietwagen viel rumkommen will, kauft am besten eine *Tallinja Card Explore.* Für nur 21 Euro (Kinder 15 Euro) kann man damit alle Busse auf Malta und Gozo beliebig oft nutzen.

➤ S. 137, Gut zu wissen

DER PARTNER BEKOMMT'S UMSONST

„Zwei für Eins" gibt's auch hier. Auf Malta heißt die Karte dafür *Malta Discount Card.* Sie kostet schlappe 20 Euro und gilt 10 Tage lang.

➤ S. 140 , Gut zu wissen

FEIERN OHNE ABZOCKE

Paceville gilt unter Party-People bekanntermaßen als einer der Nightlife-Hotspots des zentralen Mittelmeerraums – und trotzdem ist selbst in den großen Diskos wie dem *Havana* der Eintritt frei.

➤ S. 63, Valletta

BEST OF
MIT KINDERN

SPANNENDES FÜR GROSS & KLEIN

FÜR JUNGE ENTDECKER
Seid ihr startklar für eine Reise durch den menschlichen Darm? Oder wollt ihr selbst einmal einen Heißluftballon starten, einen Feuerwerkskörper produzieren oder eine Harfe ohne Saiten spielen? Im modernen, gut gemachten *Esplora Science Centre* ist es möglich.
➤ S. 79, Maltas Südosten

SCHAUDERN UND STAUNEN
Maltas Gruselgeschichten sind echt und daher nur was für die Größeren: Im Gerichtssaal und in den alten Verliesen des *Inquisitor's Palace* in Vittoriosa werden die dunkelsten Kapitel der maltesischen Geschichte aufgeschlagen: Folter und Hinrichtungen, Krieg und Inquisition.
➤ S. 67, Valletta

IM KREISSSAAL VON PLAYMOBIL
Wie werden Playmobilfiguren geboren? Um das zu erfahren, geht's direkt zur Produktionsstätte. Im *Playmobil Fun Park* (Foto) darf man mit den Figuren spielen.
➤ S. 76, Maltas Südosten

RITSCHE, RATSCHE, RUTSCHE
Wem das Planschen im Meer langweilig wird, weicht ins Spaßbad *Splash & Fun* aus. Die vier Riesenrutschen dort sind der absolute Renner – und im Pool kann man anders als im Meer auch bei hohen Wellen sicher baden.
➤ S. 104, Maltas Nordwesten

RITTER IN VOLLER RÜSTUNG
Wer zu Hause gern mit Rittern spielt, für den ist Malta das richtige Urlaubsziel. Denn hier kannst du echten Rittern auf die Spur kommen, komplette Rüstungen und alte Waffen bestaunen. Das geht besonders gut in *Grand Masters Palace* in Valletta, wo in der Waffenkammer jahrhundertealte Rüstungen ausgestellt sind.
➤ S. 47, Valletta

BEST OF

TYPISCH

DAS ERLEBST DU NUR HIER

ACH, WIE SCHÖN

Für fotogene Folklore ist im modernen Malta kaum Platz. Echt gut präsentiert wird sie nur im *Ta' Marija* in Mosta, wo zum Programm auch ein gutes maltesisches Essen gehört. Na ja, und mittanzen darf man irgendwann auch.

➤ S. 92, Zentralmalta

FILIGRANER SILBERSCHMUCK

Wenn's um filigrane Silberarbeiten – ob Schmuck oder andere Objekte – geht, waren die Malteser schon immer wahre Meister. So lässt sich auch aus dem souvenirarmen Malta ein schönes Mitbringsel mit nach Hause nehmen – zu kaufen beispielsweise im *Silversmith's Shop*.

➤ S. 58, Valletta

MITTÄGLICHE BÖLLERSCHÜSSE

Mit ihrer Liebe zur Militärgeschichte übertreiben es viele Malteser. Auch für Pazifisten erträglich ist der mittägliche Böllerschuss aus einer historischen Kanone der *Saluting Battery* gleich unterhalb der *Upper Baracca Gardens*. Pünktlich da sein!

➤ S. 52, Valletta

WOCHENENDE – FEUERWERK

Die Malteser sind verrückt nach Feuerwerk jeder Art. 25 Fabriken sorgen auf den Inseln für Nachschub. Gezündet wird es an nahezu jedem Wochenende in einem der Dörfer bei einer *festa* (Foto). Da muss man einmal dabei sein!

➤ S. 139, Gut zu wissen

PARTEILOKAL ODER BAND CLUB

Zu fast jedem Ort gehören vier Lokale besonderer Art: zwei der beiden politischen Parteien der Inseln, zwei der typisch-maltesischen *band clubs*. Gäste sind willkommen, die Preise echt volkstümlich. In den Parteilokalen solltest du allerdings wissen, ob du gerade bei den Roten oder den Blauen bist, um nicht anzuecken.

➤ S. 111, Gozo

SO TICKEN MALTA & GOZO

In Farbe getauchte Lebensfreude: Karneval auf Gozo

ENTDECKE MALTA & GOZO

Xwejni Bay auf Gozo: Kalksandsteinfelsen, zu wilden Küstenformationen ausgewaschen

Malta ist winzig und hat doch fast alles. Steilküsten und Strände, quirlige Städte und stille Dörfer, ganz viel Kunst und 5000 Jahre Geschichte. Der Veranstaltungskalender ist prall gefüllt, du kommst leicht und günstig überall mit dem Linienbus hin. Ein Urlaub hier ist Städte-, Bade- und Erlebnisreise zugleich – und das das ganze Jahr über.

FASTEN YOUR SEAT BELTS, PLEASE!

Über der Südküste Sizilien geht deine Maschine in den Sinkflug über. Schiffe ziehen unter dir vorbei, dann überfliegst du Gozo, die kleine Schwesterinsel von Malta. Schwuppdiwupp ist man schon über Malta. Bei südlichen Winden geht es direkt zur Piste. Herrscht Nordwind, dreht der Pilot vorm Aufsetzen erst noch eine Runde über der See zwischen Malta und Afrika.

- **5200–2500 v. Chr.** Erste Besiedlung, ab 4000 Epoche der Tempelbauer
- **2000–1000 v. Chr.** Epoche der bronzezeitlichen Schienenbauer
- **1000–218 v. Chr.** Phönizische Herrschaft
- **218 v. Chr.–397 n. Chr.** Römische Herrschaft
- **397–1070** Erst byzantinische, ab 870 arabische Herrschaft
- **1070–1530** Erst sizilianische Normannen, dann Staufer, dann Königreich Aragon
- **1530–1798** Herrschaft der Ritter

VIEL MEHR ALS MEER!

Der Weg zum Hotel führt von Kreisverkehr zu Kreisverkehr durch eine Großstadt, die nur noch nominell aus verschiedenen Orten besteht. Ein grünes Malta wirst du erst auf Touren durch den äußersten Norden und den Westen der Insel entdecken – oder auf Gozo. Check-in im Hotel – und schon geht's los, Insel erkunden. Die Orientierung fällt leicht: einfach immer am Wasser bleiben. Jogger ziehen auf den breiten Promenaden ihre Runden, Rentner bevölkern die vielen Sitzbänke, Schickimickis führen ihre hochgezüchteten Hündchen Gassi, Kinder vergnügen sich auf Spielplätzen direkt am Meer und schaukeln in den meist blauen Himmel hinein. Englisch-Sprachschüler aus aller Welt bevölkern die Straßencafés, junge Malteser streben in Kleingruppen zum nächsten Mac Donald's. Linienbusse fahren fast im Minutentakt vorbei, fast alle haben das noch ganz von seinen gewaltigen Festungsmauern umgebene Valletta zum Ziel. Und von da aus geht es prompt weiter zu den kulturhistorischen Topzielen der Inseln: ihren über 5000 Jahre alten Tempeln aus der Jungsteinzeit, den riesigen Katakomben von Rabat, dem stillen Mdina und Natur pur an den Dingli Cliffs. Das ist schon Programm genug für eine ganze Urlaubswoche!

HIMMLISCHE PRACHT

Für Architekturfans stehen die vielen Kirchen der beiden Inseln ganz oben. Jedes Dorf will eine schönere und größere Kirche als die Nachbargemeinde haben. So ist das kleine Mosta zur viertgrößten Kirchenkuppel der Welt gekommen, Xewkija

- **1565** Belagerung durch die Türken
- **1800–1964** Britische Herrschaft
- **1940–42** Bombardierung durch Deutsche und Italiener
- **1964** Malta wird unabhängig, 1979 verlassen die letzten britischen Truppen die Insel
- **2004** EU-Beitritt Maltas
- **2018** Valletta ist Europäische Kulturhauptstadt
- **2022/23** Die Malteserin Roberta Metsola wird Präsidentin des EU-Parlaments

auf Gozo zur dritthöchsten Europas. Und auch die wohl buntesten Kirchenböden auf Erden sind auf Malta zu finden: In den Kathedralen von Valletta und Mdina haben sich Ritter und lokaler Adel unter farbige Grabplatten betten lassen. Rekordverdächtig ist auch die Zahl der Statuen für Päpste in der frommen Inselrepublik. Statuen sind ohnehin eine Leidenschaft der Malteser. Die meisten sind allerdings aus Pappmaché und werden nur für die *festas* aus ihren Lagerschuppen geholt. Da säumen sie bei Umzügen auf Pappmaché-Sockeln die fahnengeschmückten Straßen und werden von Gläubigen durch die Gassen getragen. Etwa 25 Feuerwerksfabriken auf den Inseln sorgen zudem dafür, dass all diese Heiligen mit einem grandiosen Feuerwerk geehrt werden.

GELD STINKT NICHT

Gemildert wird der Einfluss der katholischen Kirche durch Maltas EU-Mitgliedschaft. Seit 2004 ist man dabei und weiß die Vorteile bestens zu nutzen. Internationales Wealth-Management und IT-Gambling sind boomende Geschäftszweige. Über 10 000 Mitarbeiter aus aller Welt haben es da mit viel Geld zu tun und verdienen selbst nicht schlecht. Malta sieht man diese Auswirkungen der Globalisierung an. Immer mehr Cafés, Bars und erstklassige Restaurants beleben die Szene. Einen gewaltigen Schub hat die Entwicklung des kleines Lands 2018 genommen, als Valletta zur Europäischen Kulturhauptstadt aufstieg.

IMMER SCHÖN LANGSAM

Zu den großen Hobbys vieler Malteser gehören Oldtimer und Sulkys. Joe aus Gzira, Besitzer einer kleinen Reparaturwerft für Yachten, hat über 40 bestens gepflegte Cabrios verschiedener Marken und Baujahre in seinen Garagen stehen. Jeden Tag fährt er nach Feierabend zwei, drei Stündchen über die Insel. Kaum einer überholt ihn, denn 80 km/h gilt selbst auf vierspurigen Schnellstraßen als absolutes Tempolimit. Bill aus Kercem hingegen, der täglich ein paar Stunden im Sulky auf Maltas Landstraßen verbringt, liebt Pferde. Das ist für ihn wie Urlaub. Ferien im Ausland machen die Malteser übrigens kaum. Sie kaufen sich lieber eine Zweitwohnung auf der eigenen Insel direkt am Meer.

PARTY AM LAGERFEUER

Sandstrände gibt es zwar nur im Norden von Malta und Gozo, aber Malteser brauchen keinen Sand, um das Meer zu genießen. An Sommerwochenenden geht's scharenweise zum Picknick an die flachen Felsküsten. Beladen mit Grills, Getränkekisten und Campingstühlen ziehen Großfamilien und Freunde ans Wasser und genießen das Zusammensein mit Musikuntermalung aus dem Ghettoblaster am kleinen Lagerfeuer. Doch spätestens um Mitternacht ist Schluss. Für Partys bis zum frühen Morgen gibt es ja Paceville und die Clubs bei Mdina. Auf Malta nimmt man eben viel Rücksicht aufeinander, ist zwar mediterran heiter, hält sich aber fast immer an Regeln. Auch das macht die Ferien hier so richtig erholsam.

AUF EINEN BLICK

540 000
Einwohner

Duisburg: 507 000

33
Kilometer

Größte Entfernung zwischen zwei Orten auf Malta

253 km
Küstenlänge (Malta und Gozo)

Deutsche Ostseeküste ohne Bodden: 328 km

316 km²
Fläche

Bremen, kleinstes Bundesland Deutschlands: 419 km²

HÖCHSTE ERHEBUNG

Der Ta' Dmejrek auf Malta bringt es gerade mal auf

253 m

WÄRMSTER MONAT

AUGUST 31°C

BELIEBTESTER REISEMONAT

JULI

9 UNESCO-WELTERBESTÄTTEN

Sieben Tempel, älter als die Pyramiden. Das unterirdische Hypogäum. Und die Hauptstadt Valletta als Ganzes.

VALLETTA

Mit nur 5200 Einwohnern kleinste Hauptstadt eines EU-Lands

ALLAH
heißt auf Maltesisch auch der christliche Gott

OHNE AUFGEMALTE AUGEN
kommen die traditionellen *luzzi* nicht ins Wasser

MALTA & GOZO VERSTEHEN

BINGO!

Das haben die Malteser schon immer gern gerufen. Auch heute treffen sich Hausfrauen und Rentner noch häufig zu diesem Spiel in Parteilokalen, *band clubs* und Gemeindesälen. Auch Pferdewetten sind auf der Trabrennbahn in Marsa durchaus noch en vogue. Und wer mehr zu verlieren hat, hofft bei Roulette und Black Jack in den Spielkasinos aufs große Geld. Das macht aber in Wirklichkeit die I-Gaming-Industrie. In der haben über 9000 Menschen Arbeit gefunden, über 1000 Studenten besuchen seit 2017 die Kurse der I-Gaming-Akademie. Neben Gibraltar ist Malta Europas Zentrum für weltweite Internetwetten.

JEDER NUR EIN HAUS?

Kopf hoch: Vor allem abends fallen die vielen Leerstände in den oberen Geschossen vieler älterer Häuser auf. Niemand will mehr in uralten Bruchbuden wohnen. Ein Neubau weiter außerhalb ist oft billiger als eine Totalsanierung, da zieht man halt um. Im alten Haus bleibt bestenfalls noch ein Laden. Deswegen ufern Maltas Städte immer mehr aus, wachsen die Dörfer zusammen. Ein total neues Gesicht erhalten sie dennoch nicht, denn bevorzugtes Baumaterial ist weiterhin der lokale Muschelkalk. Der wird im Tagebau auf Malta und Gozo gewonnen, zersägt und mit Tiefladern zum Bauplatz gebracht. Stillgelegte Steinbrüche werden inzwischen fürs Recycling genutzt: Man füllt sie mit dem Schutt doch abgerissener alter Häuser wieder auf.

LESSONS IN THE SUN

Wer lernt schon gern im Dauerregen? Sprachferien am Mittelmeer sind doch viel schöner. Malta hat sich perfekt auf Englisch-Sprachschüler einge-

stellt. Über 80 000 kommen alljährlich aus aller Welt, um sich von maltesischen Lehrern in der Muttersprache der Queen unterrichten zu lassen. Über 40 staatlich lizenzierte Sprachschulen buhlen um die Gunst der Lernwilligen und schaffen gut bezahlte Arbeitsplätze. Die meisten von ihnen konzentrieren sich auf das Areal zwischen Sliema und St Julian's, aber auch für Gozo gibt es Angebote *(visit malta.com/language-learning)*.

RITTERSLEUT'

Wer waren eigentlich die alten Rittersleut', deren Bauwerke auf Malta überall stehen? Sie kamen aus ganz Europa. Häufig waren es die Spätgeborenen, die nicht mehr viel erben konnten und ihr Glück in der Fremde suchten. Der „Ritterliche Orden des solvierten, je zur Hälfte in der Krankenpflege und als Kämpfer auf einer Galeere.

Noch mehr Hintergrundinformationen? Der Orden war in mehrere Landsmannschaften, die sogenannten Zungen, unterteilt. Der Großmeister des Ordens wurde jeweils auf Lebenszeit von einem Wahlmännergremium gewählt. Ihm schuldeten alle Ritter unbedingten Gehorsam. Er vertrat auch wie ein Landesfürst den Orden nach außen.

Geschichte überall: Ein Relikt aus der jüngeren Kolonialzeit der Briten trifft aufs Ritterkreuz

Heiligen Johannes vom Spital in Jerusalem", kurz Johanniter- und später Malteserorden genannt, wurde 1099 nach der Eroberung Jerusalems von den Teilnehmern am Ersten Kreuzzug gegründet. Ordensritter konnten nur Adlige werden, die zunächst eine zweijährige Probezeit als Novizen ab-

Um eine derartige Organisation zu finanzieren, schreckten die Ritter nicht davor zurück, auf Kaperfahrt zu gehen, wenn gerade die Schenkungen europäischer Fürstenhäuser und die Einkünfte, die aus der Nutzung der Besitztümer überall in Europa erzielt wurden, nicht ausreichten.

Stein auf Stein: Riesig sind die Megalithen, die in Hagar Qim verbaut wurden

MEERWASSER TRINKEN

Man kann auch auf Inseln verdursten. Malta gehört zu den zehn Ländern weltweit mit dem geringsten Trinkwasservorrat, steht fast auf einer Stufe mit den Staaten auf der Arabischen Halbinsel. Nicht nur Brauereien und Weinkellereien sorgen für Abhilfe, sondern vor allem Meerwasserentsalzungsanlagen. Sie produzieren inzwischen weit über die Hälfte der 30 Mio. m^3 Trinkwasser, das aus Wasserhähnen und Duschen strömt. Für die Entsalzung müssen fast vier Prozent der in Malta verbrauchten elektrischen Energie verwandt werden. Der Aufwand ist groß, es schmeckt trotzdem nicht. So wird man auch weiterhin Flaschenwasser aus Italien, Wales und Schottland importieren. Wohl bekomm's!

MEGALITH UND NEOLITH

Der eigene Sprachschatz wird auf Malta vermutlich um zwei Wörter reicher. Die Kandidaten vieler Quizshows wissen, dass „Megalith" Großstein und „Neolith" Jungstein heißt. Und haben sogar Bilder dazu vor Augen: Erinnerungen an die uralten Tempel auf Malta und Gozo. Sie wurden in der Jungsteinzeit, dem Neolithikum, vor etwa fünf- bis sechstausend Jahren erbaut. Dafür haben die Menschen jener Zeit gewaltige Steinblöcke, eben Megalithen, von ihren Steinbrüchen auf Steinkugeln bis zum Bauplatz gerollt. Dort haben sie sie dann mithilfe von Erdaufschüttungen nach oben gehievt oder gar senkrecht gestellt. Obelix lässt grüßen.

Der größte Megalith war 4 m hoch, 7 m lang, 60 cm dick und wog mehr als 20 t. Damit man die Erklärungen vor Ort besser versteht, noch zwei Vokabeln: Senkrecht stehende Steinblöcke heißen „Orthostaten". Konstruktionen aus zwei Orthostaten, über die horizontal ein dritter Steinblock gelegt wurde, werden „Trilithen" genannt.

ROSTFREIE SCHIENEN

Verrückte Malteser. Erst schleppen sie sich mit Steinen ab. In der nächsten Epoche hauen sie massenweise eine Art Straßenbahnschienen in den Fels, obwohl das Rad erst sehr viel später erfunden wird. Sie legen Kreuzungen und Weichen an, sogar mit der Clapham Junction eine Art Rangierbahnhof. Überreste hat man an über 150 Stellen auf Malta und Gozo nachweisen können. Gängigste Theorie: Menschen und Tiere zogen in den bis zu 40 cm tiefen Rillen vor rund 3500 Jahren Lastenkarren. Keiner weiß von wo nach wo – und erst recht nicht warum.

NEUE SCHWERSTARBEITER

Auch Maltas Straßenbild ist durch Armut und Kriege auf der Welt bunter geworden. Seit 2002 kamen etwa 20 000 Bootsflüchtlinge auf der Insel an. Sie stammen vor allem aus Libyen, Syrien, Eritrea und Somalia. Sechstausend leben jetzt legal auf der Insel – immer noch weniger als Briten. Ihr Leben ist oft hart, denn ihnen stehen zumeist nur Jobs offen, die kaum ein Malteser übernehmen will – bei Müllabfuhr und Straßenreinigung, auf dem Bau und beim Ausliefern schwerer Gasbehälter.

KLISCHEE KISTE

STRENG KATHOLISCH

Stimmt: 90 Prozent der Malteser sind römisch-katholisch. Die Priesterdichte wird nur vom Vatikan übertroffen: Auf je 614 Getaufte kommt einer im Talar. Und noch immer grasen junge Pfadfinder Strände und Hotelpools ab, um Frauen ohne Oberteil zu bitten, sich doch zu verhüllen, auf dass die maltesische Jugend nicht verdorben werde. Aber der Einfluss der Kirche lässt nach. 2011 entschied sich über die Hälfte der Bevölkerung für die Zulassung von Ehescheidungen, und 2017 ließ das Parlament auch gleichgeschlechtliche Eheschließungen zu.

JEDER SPRICHT ENGLISCH

Gar nicht so falsch. Als Urlauber kommt man mit Englisch gut durch. Aber unter sich sprechen fast alle Malteser nur Maltesisch. Das ist schwer verständlich, denn das Maltesische ist enger mit dem Arabischen verwandt als mit europäischen Sprachen. Bei den Straßennamen konnte man sich nicht einig werden: Manche verwenden die englische Version, andere die maltesische. Und einige Orte haben sogar zwei Namen: Senglea z. B. heißt jetzt offiziell L-Isla, Vittoriosa auch Birgu. Da helfen manchmal nur Raten und Intuition weiter.

PATEN GESUCHT

Bäume quengeln nicht, können Paten aber ebenso gut gebrauchen wie Kinder. Gerade in Malta, wo sie nur eine Minderheit bilden. Außerhalb der Städte wächst kaum ein Baum. Die trockene Garigue mit Thymian und Rosmarin, Mastix und Heide, Wolfsmilch- und Zwiebelgewächsen dominiert die Landschaft.

Stark für die Wiederaufforstung engagiert sich das Projekt *Gaia (facebook: The Gaia Foundation),* das du mit einer Baumpatenschaft unterstützen kannst. Sind dir Bäume zu still, kannst du auf Malta natürlich auch eine Patenschaft für ein Kätzchen übernehmen *(ani malcaremalta.com).*

PFUI TEUFEL

Vorsicht ist die Mutter maltesischer Kirchturmuhren. Fast jede zweite steht still oder geht falsch. Absichtlich! Man will damit den Teufel verwirren, damit er nicht als Störenfried zur heiligen Messe erscheint. Teils sind die Uhren nur aufgemalt, häufig gehen sie völlig falsch. Hat eine Kirche zwei Türme und damit auch zwei Kirchturmuhren, gibt meist nur eine die richtige Zeit an.

INSIDER-TIPP
Wer hat an der Uhr gedreht ...?

VOGELJAGD

16 000 Malteser sind Ballermänner. Mit Fangnetzen und Schusswaffen jagen sie Zugvögel. Die steinernen Unterstände der Jäger sind häufig in der Landschaft zu sehen. Ebenso die Steinhaufen, auf die sie die Käfige ihrer Lockvögel stellen.

Maltas EU-Beitritt und die gute Arbeit von *Birdlife Malta (birdlifemalta.org)* haben in den letzten Jahren einiges bewegt. Das Fallenstellen ist ebenso wie die Frühjahrsjagd verboten, die Herbstjagd nur noch auf 32 der insgesamt bis zu 384 Malta besuchenden Zugvogelarten beschränkt. Trotzdem jagen manche Malteser illegal weiter, schießen vor allem Greifvögel und Reiher als Trophäe für ihre heimische Präparatesammlung.

DER URLAUB IST SICHER

Das Autobombenattentat auf die Enthüllungsjournalistin Daphne Caruana Galizia könnte den Eindruck erwecken, dass Autobesitzer auf Malta gefährlich leben. In der Tat: Seit 2010 gab es etwa zwanzig solche Attentate mit insgesamt fünf Toten. Die meisten spielten sich jedoch im kriminellen Milieu ab. Urlauber waren in keinem Fall betroffen. Insgesamt beläuft sich die Zahl von Mordopfern pro Jahr im einstelligen Bereich – die schafft ein normaler Schwedenkrimi in 90 Minuten. Andere Gewalttaten sind ebenso selten, selbst die Zahl der Taschendiebstähle liegt unter tausend. Fazit: Als Urlauber kann man sich auf Malta und Gozo viel sicherer als in zahlreichen anderen Ländern fühlen.

ZUFRIEDEN MIT EUROPA

Nach dem Zweiten Weltkrieg wären die Malteser lieber ein Teil des Vereinigten Königreichs als selbstständig geworden. Jetzt gehören sie zusammen mit den Litauern, Letten und Iren zu den frohesten Europäern: 84 Prozent finden die EU gut und identifizie-

Sie war engagiert, legte heikle Fakten offen: die Journalistin Daphne Caruana Galizia

ren sich gern mit ihr. In Deutschland waren es 2016 nur 66, in Österreich sogar nur 48 Prozent. Das zeigt sich auch beim Gang an die Wahlurnen: Fast drei Viertel aller Malteser haben bei den letzten Europawahlen ihre Stimme abgegeben – eine noch höhere Wahlbeteiligung hatten nur Belgien und Luxemburg.

IDEALE FILMKULISSE

Mit seinen schönen Palästen und Festungen, kleinen Buchten, wilden Steilküsten und dem größten Wasserbecken Europas für Über- und Unterwasserdreharbeiten ist Malta das ideale Set für Blockbuster. Eine effiziente Filmförderung seitens der Regierung kommt hinzu. „Der Untergang der Pamir" und „Die Gustloff" wurden hier ebenso gedreht wie viele Szenen für „Troja" und „World War Z" jeweils mit Brad Pitt in der Hauptrolle. Die James-Bond-Filme „Casino Royale" und „Der Spion, der mich liebte" entstanden auf Malta, auch Szenen von Steven Spielbergs Film „Munich". Die neuesten Releases mit auf Malta gedrehten Szenen sind „Jurassic World 3", „Abtrünnige" und „American Assassin". Besonders präsent ist Malta in der erfolgreichsten Serie aller Zeiten, „Game of Thrones". Gleich in der ersten Staffel wurde das Mdina Gate zum Stadttor von Königsmund, der Mesquita Square in Mdina zu Kleinfingers Bordell, der Verdala Palace bei Rabat zu Illyrios Haus.

ESSEN
SHOPPEN
SPORT

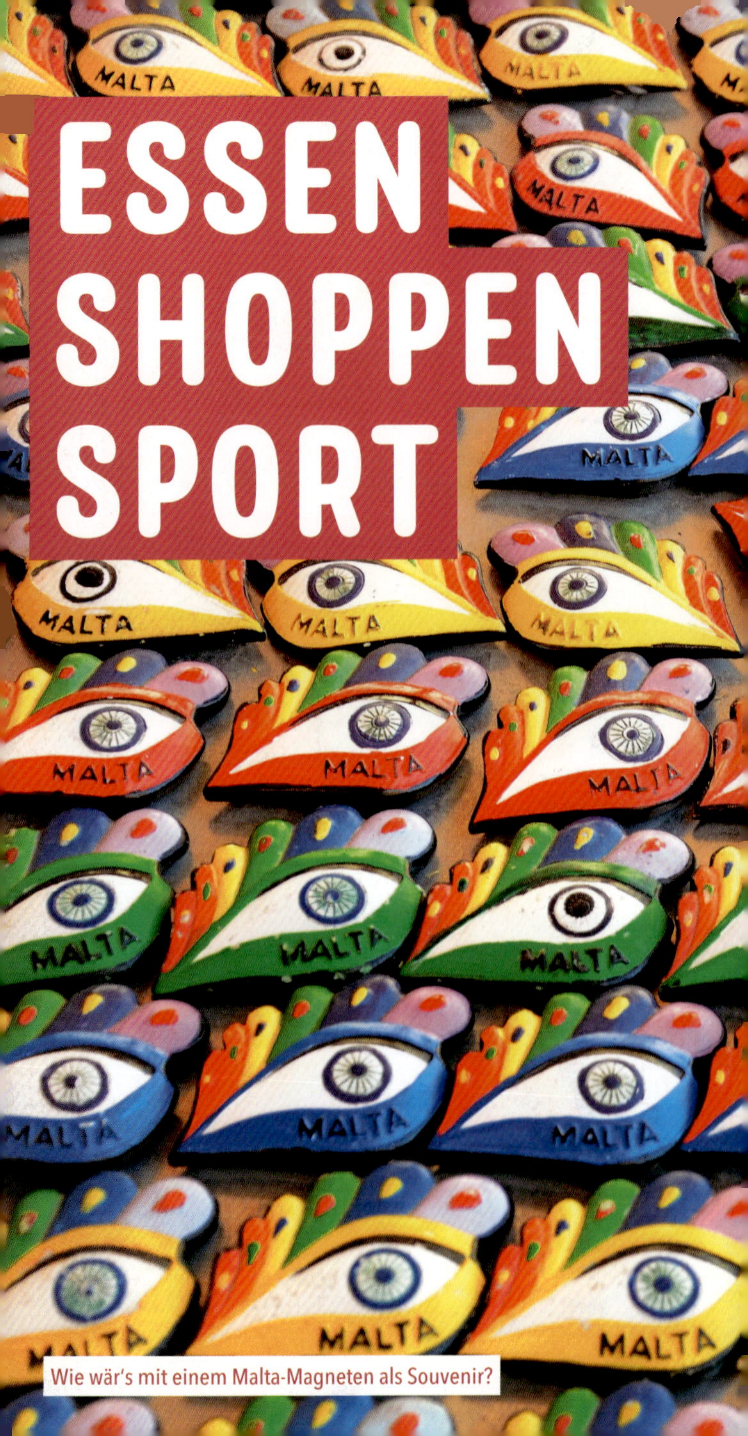

Wie wär's mit einem Malta-Magneten als Souvenir?

MALTA
MALTA
MALTA
MALTA
MALTA
MALTA
MALTA
MALTA
MALTA
MALTA
MALTA
MALTA
MALTA
MALTA
MALTA
MALTA
MALTA
MALTA
MALTA
MALTA
MALTA
MALTA
MALTA

ESSEN & TRINKEN

Starkoch Jamie Oliver war ganz besonders von der Größe der Portionen in maltesischen Restaurants begeistert. Geschmeckt hat's ihm natürlich auch – nicht nur, weil er Brite ist.

AUF KULINARISCHER WELTREISE

Die Engländer haben in den fast 150 Jahren ihrer Herrschaft nur geringe Spuren ihrer Küche hinterlassen – allen voran ihr Frühstück, das so schmeckt wie auf der Insel der Queen und überall bis mindestens 12 Uhr erhältlich ist. Ansonsten aber prägt Italien und da insbesondere Sizilien die riesige Restaurantszene. Viele Köche stammen von dort, Authentizität ist garantiert. Pizza und oft hausgemachte Pasta gibt's überall, aber auch die Spezialitäten der verschiedensten Stiefelregionen sind präsent. Generell ist in den letzten Jahren ein deutlicher Trend zu immer mehr Feinschmeckerlokalen mit entsprechendem Preisniveau sowie zu exotischen Restaurants feststellbar. Neuer Szenetrend sind auch die stimmungsvollen Weinbars. Wer will, kann auf Malta in seinem Urlaub eine kulinarische Weltreise unternehmen. Die Küchenziele reichen von Griechenland und der Mongolei bis nach Malaysia und Indonesien, Indien, China und Japan. Auch eine Reihe arabischer Restaurants ist zu finden.

MALTESISCHE GENÜSSE

Stark zugenommen hat das bis vor Kurzem noch vernachlässigte Angebot maltesischer Spezialitäten. Dazu gehören vor allem viele Variationen von Suppen und Aufläufen, Gemüse- und Kaninchengerichten. Denn *fenek*, Kaninchen, meist in Knoblauch- und Rotweinsauce serviert, ist das maltesische Nationalgericht schlechthin. Immer häufiger wird in guten Restaurants auch wieder mit genuin maltesischem

Typisch und lecker: *bruschetta* (li.) und geschmortes Kaninchen, *fenek* (re.)

Olivenöl gearbeitet, denn der Olivenanbau auf der Insel kommt wieder in Schwung. Lange war man auf Billigimporte aus Italien angewiesen.

Von den Maltesern geschätzt werden auch Kuchen, Torten und Gebäck, die es in den *confectionery* genannten Konditoreien gibt. Auch erhält man dort manchmal die typisch maltesischen *pastizzi*. Das sind Blätterteigrollen oder -taschen, die ganz unterschiedlich gefüllt sein können, so etwa mit Erbsenmus oder Frischkäse. Besonders groß ist deren Auswahl in jeder *pastizzerija*. Dort erhält man oft auch den Nudelauflauf *timpana* in kleinen Portionen. Vor allem auf Kirchweihfesten und Märkten wird eine andere sehr beliebte süße Spezialität verkauft: *helwa tat-tork*, eine dem türkischen Halva ähnliche Nougatmasse aus Zucker und Mandeln.

INSIDER-TIPP
Versteckspiel im Teig

FISCH ALS TORTE

Fisch ist auf Maltas Speisekarten immer präsent. Die Hälfte aller auf den Inseln verkauften Fische werden jedoch tiefgefroren importiert. Wer wirklich frischen Fisch essen will, der geht am besten in ein gutes Lokal, in dem die Fische im Ganzen präsentiert werden. Der Preis richtet sich dann nach dem Gewicht. Ein preiswertes und volkstümliches Fischgericht ist *octopus stew*, in Rotwein gekochter Krake. Der beliebteste Frischfisch von August bis November ist *lampuki*, ein makrelenähnlicher Fisch mit festem weißen Fleisch. Er wird gedämpft, gegrillt, gebacken, gebraten oder als Auflauf, *torta tal lampuki*, mit püriertem Blumenkohl, Zwiebeln und Tomaten serviert. Jederzeit wohlschmeckend und zudem noch grätenlos ist *sword fish* (Schwertfisch). Von Tintenfischringen sollte man ebenso Abstand nehmen wie von Shrimps. Bei-

Köstlich! Likör aus Mandeln oder Johannisbrotbaumfrüchten

de werden fast immer tiefgefroren aus fernen Kontinenten eingeführt – so kann man sie auch zu Hause essen.

NUR NICHT VERDURSTEN

Ein ausgesprochenes Nationalgetränk gibt es auf Malta nicht. Im Land selbst werden nur Milch, Fruchtsäfte, einige Liköre und drei Varianten der Bitterlimonade *kinnie* aus ungeschälten Orangen, Wasser und Wermutkraut sowie Wein und Bier produziert. Für Letzteres sorgen zwei Brauereien: Carlsberg und Farsons. Auf Malta und Gozo wird zudem je ein Craft-Beer gebraucht. Wein vom Fass bekommst du fast nur noch in einfachen Dorfkneipen. Die Restaurants bieten zumeist Flaschenweine an, denn die Traubenproduktion der Inseln deckt den Bedarf bei Weitem nicht. Zwar haben die maltesischen Kellereien damit begonnen, viele junge Rebstöcke verschiedener Sorten aus Frankreich und Italien zu importieren und auf der Insel pflanzen zu lassen, aber dennoch müssen noch immer vor allem in Italien Trauben hinzugekauft werden, um genug „maltesischen" Wein in den Inselkellereien produzieren zu können.

WICHTIG ZU WISSEN

Die Speisekarten in den Restaurants informieren immer auf Englisch, manchmal auch auf Italienisch oder Deutsch. Die meisten Lokale stellen ihre Speise- und Getränkekarten auch auf ihre Homepage – inklusive Preisen. Da läuft einem das Wasser vielleicht schon vorab im Munde zusammen.

In Restaurants der gehobenen Kategorien sollte man sich von einem Kellner zum Tisch geleiten lassen. Manchmal ist es auch üblich, zunächst an der Bar oder in der Lobby bei einem Aperitif Platz zu nehmen und derweil die Bestellung aufzugeben. Der Kellner bittet dann zu Tisch, sobald die Vorspeise servierbereit ist.

Die Essenszeiten auf Malta sind britisch begrenzt. In der Regel wird das Mittagessen 12–14 Uhr, das Abendessen 19–22 Uhr eingenommen. Für alle, die sich intensiv dem Studium der maltesischen Gastroszene widmen wollen, empfiehlt sich der jährlich erscheinende, englischsprachige Gastroführer „The Definitive(ly) Good Guide Restaurants in Malta and Gozo", der in Buchhandlungen auf den Inseln erhältlich ist. Aktuelle Infos gibt es auch auf *restaurantsmalta.com*.

Unsere Empfehlung heute

Vorspeisen

ALJOTTA
Fischsuppe mit viel Knoblauch, Kräutern und Reis

MINESTRA
Suppe mit verschiedensten Gemüsesorten, serviert mit frischem Schafs- oder Ziegenkäse

RAVJUL
Ravioli, gefüllt mit gozitanischem Ricottakäse

Hauptgerichte

BRAGIOLI
Rindsroulade, gefüllt mit Ei, Hackfleisch und Erbsen

BRUGIEL MIMLI
Mit Reis, Hackfleisch und Kräutern gefüllte Auberginen

TIMPANA
Nudelauflauf – meist aus Makkaroni – mit Béchamelsauce, mit oder ohne Hackfleisch

ROSS FIL-FORN
Überbackener Reisauflauf mit Hackfleisch, Eiern und Tomaten

Desserts

IMQARETS
Mit gehackten Datteln gefüllte Teigröllchen

BISKUTTINI TAL-LEWZ
Mandelschnitten, meist auf Reisoblaten gebacken. Ideal zum Kaffee

KANNOLI
Knusprige Teigröllchen, gefüllt mit Ricottakäse und kandierten Früchten

Getränke

SHANDY
Die maltesische Variante des Alsterwassers und Radlers

BAJTRA
Likör aus dem Fruchtfleisch der stachligen Kaktusfeige

GUZE PASSITO
Ein edler, roter Dessertwein aus Shiraz-Trauben, produziert von Marsovin

SHOPPEN & STÖBERN

Wer kommt schon zum Shoppen nach Malta? Da gibt es sicherlich attraktivere Reiseziele. Echt maltesische Produkte zum Mitnehmen gibt es leider wenige, doch es gibt sie! Und ab und an sind auch internationale Labels bei Sneakers, Kleidung, Schmuck und Uhren, günstiger als bei uns – der Internetcheck bringt's ans Licht.

KUNTERBUNTES GLAS

Auf internationalem Niveau arbeiten die Glasbläser von Malta und Gozo. Die Farbigkeit ihrer Erzeugnisse erinnert an venezianisches Muranoglas. Farbkombinationen und Formen von Gläsern, Kannen, Vasen, Kerzenständern und Figuren sind äußerst kunstvoll und harmonisch. Die meisten Glasbläser sind in *Ta' Qali* auf Malta und in *San Lawrenz* auf Gozo zu finden. Da kann man ihnen auch bei ihrer schweißtreibenden Arbeit zusehen.

LECKERE KÖSTLICHKEITEN

Farbenfrohe – und dazu noch schmackhafte – Mitbringsel sind maltesische Liköre der Marke Zeppi's. Es gibt sie in den teilweise exotischen Geschmacksrichtungen Kaktusfeige, Mandel, Honig, Granatapfel, Fenchel, Johannisbrot und Feige. Gut in der heimischen Küche zu verwenden sind gozitanisches Meersalz, eingelegte Kapern samt ihren Zweigen und sonnengetrocknete Tomaten. Etwas Besonderes ist zudem das rare maltesische Olivenöl. Eine große Auswahl an Leckereien findest du auch noch im Abflugbereich am Flughafen – Süßes vom *Café Cordina (244 Republic Street | Valletta)* inbegriffen.

MALTESISCHE DESIGNER

Wer wissen will, zu welchen Leistungen Maltas Modedesigner fähig sind, kommt am besten zur Fashion Week Ende Mai/Anfang Juni: Dann reprä-

Passt das noch in den Koffer? Malteser-Spitze (li.) und Glasarbeiten (re.)

sentieren sie ihre Entwürfe eine Woche lang bei Einzelmodeschauen im Fort St Elmo.
Wer ihre Modelle sonst sehen will, muss sie über *fashionweek.com.mt/designers* persönlich kontaktieren.

INSIDER-TIPP
Mode à la Malta

Nur zwei von ihnen haben es gewagt, einen eigenen Flagshipstore in Valletta zu eröffnen: *Charles & Ron (58D Republic Street, unterhalb des Großmeisterpalasts | charlesandron.com).* Da lohnt zumindest einmal ein Blick in die Schaufenster.

FÜR KLEINE RITTER

Eher skurril sind echt maltesische Mitbringsel für Kinder. Hölzerne Schwerter für Ritterspiele sind vielleicht noch sinnvoll, aber in *Ta' Qali* kannst du auch ganze Ritterrüstungen aus Weißblech erstehen. Dann doch lieber einen Großmeister des Ritterordens von Playmobil: Die Figur gibt es nur auf Malta zu kaufen.

NUR FÜR OMA UND OPA?

Schon seit ewig klöppeln maltesische und heute insbesonders gozitanische Frauen eine Malteserspitze, mit der sie Tischdecken, Taschentücher, Servietten, Schals und Stolen verzieren. Mit viel Fleiß stricken sie auch Pullover und Mützen – alles am besten in Victoria und San Lawrenz auf Gozo zu kaufen.
Zu den handfesteren und auch etwas schwereren Mitbringseln gehört der Malta-Stone. Aus dem maltesischen Kalkstein werden nicht nur fast alle Häuser gebaut, aus ihm werden auch Gebrauchsgegenstände wie Aschenbecher, Briefbeschwerer und moderne Skulpturen gefertigt. Gute Adressen für entsprechende Einkäufe sind *Ta' Qali* und *Limestone Heritage* in Siggiewi.

SPORT

Ganz ehrlich: Für einen reinen Sporturlaub gibt's vielleicht bessere Destinationen. Was nicht heißt, dass man hier keinen Sport treiben kann. Das Meer ist ja da und bietet im Sommerhalbjahr viele Aktivitäten. Tauchen kann man sogar das ganze Jahr über – und das mithilfe von über 50 Stationen. Und ansonsten macht auch das Wandern Spaß, wobei man fast immer die ganze Insel im Blick hat. Sie ist halt so klein.

BIKING

Im Straßengewirr zwischen Valletta und St Julian's ist das Radfahren die reinste Hölle. Darum sitzt *Ecobikes (Triq L-Imsell 8 | Bugibba | 2 Min. vom Hauptplatz | MTB ab 15 Euro/Tag, 90 Euro/Woche; E-Bikes 30 Euro/Tag, 180 Euro/Woche | Tel. 99 47 16 27 | ecosportsltd.com)*, der beste Bike-Vermieter Maltas, in Bugibba. Von da aus ist man viel schneller in schönster Natur und auf kleinen Straßen. Gegen Gebühr ist die Zustellung der Räder überall hin auf der Insel möglich; geführte Touren starten direkt in Buggiba.

Gozo ist als Ziel für Biker sehr viel besser geeignet als Malta. Als ein guter Vermieter zu empfehlen ist hier *On Two Wheels (Triq il-Wied | Zurrieq | Tel. 79 26 68 79 | facebook: On 2 Wheels Rentals).*

KAJAK

Ist das schön – an den Felsküsten Maltas und Gozo entlangzugleiten! Geführte Touren inklusiver notwendiger Transfers bietet auf Malta *Rugged Coast Adventures (Touren ab 67 Euro inkl. Lunch, Miete Einer 10 Euro/Std. oder 40 Euro/Tag, Zweier 15 Euro/Std., 50 Euro/Tag | Main Street 264 | Mellieha | Tel. 99 00 46 97 | seakayakmalta.com)* an. Auf Gozo sowie rund um Comino werden Touren von *Gozo Adven-*

Senkrecht geht's den Felsen hoch – und unten sprüht die Gischt!

tures (Tel. 99 00 46 97 | gozoadventures.com) angeboten. Wer auf eigene Faust losziehen will, leiht sich ein Kajak in Xlendi bei *Xlendi Watersports (Tel. 99 69 37 47 | gozoboathire.com).*

KLETTERN

Klettern auf Malta, wo der höchste Gipfel gerade einmal 253 m hoch aus dem Meer ragt? Und wie! Über 1500 Routen sind vor allem an den Küsten markiert. Man hat also beim Climbing immer das Meer im Blick.

Sogar *Sea Level Traversing (Coasteering)* wird hier angeboten: Dicht über der Wasserlinie 1 km weit waagerecht an den Felsen entlangklettern und sich bei Ermüdung notfalls ins Meer fallen lassen. Spezialist für diese Angebote ist *MC Adventures (1/2 Tag ab 240 Euro | 150 Salvu Psaila Street | Birkirkara | Tel. 99 47 03 77 | mcadventure.com.mt).* Ein empfehlenswerter Anbieter auf Gozo für Klettertouren der unterschiedlichsten Art ist *Gozo Adventures (Tel. 99 99 45 92 | gozoadventures.com).* Auch Anfänger und Kinder ab 6 Jahren sind da willkommen.

INSIDER-TIPP
Lass dich mal fallen

REITEN

Das Glück der Erde – auch auf Malta und Gozo kann man's erleben. Geführte Ausritte an der relativ einsamen Nordwestküste Maltas bietet *Golden Bay Horse Riding (Golden Bay | Tel. 21 57 33 60 | goldenbayhorseriding.com).*

Auf Gozo ist fürs Reiterglück der auf seinen Nachnamen keinen Wert legende *Charlie (Gozo Stables | Qala | Tel. 79 06 45 30 | gozostables.com)* zuständig. Die Ausritte über seine Farm und auf Wunsch auch entlang der Küste sind selbst für kleine Kinder und absolute Anfänger bestens geeignet.

SEGWAY

Ist Segway fahren ein Sport? Probier es mal aus, und du wirst merken, dass Gleichgewichtssinn und Körperbeherrschung gefragt sind. Gelegenheit dazu geben dir geführte Touren durch das städtische Valletta und entlang der Dingli Cliffs oder offroad beim Golden Sands Beach mit *Segway Malta (Tel. 99 42 19 63 | segwaymalta.com).*

Auf Gozo kann man sogar direkt vom Fähranleger aus zu einer fünfstündigen Cross-Country-Tour über die Insel starten, aber auch leichtere und kürzere Touren sind buchbar bei *Gozo Segway (Tel. 99 42 89 01 | gozosegway.com).* Auf Gozo liegen die Preise zwischen 20 und 75 Euro, auf Malta zwischen 45 und 60 Euro.

TAUCHEN

Malta mit seinem klaren Wasser, vielen Fischen und interessanten Felsformationen ist ein Mekka für Taucher aus ganz Europa. 33 Tauchsportzentren und -schulen bieten ihre Dienste Anfängern und Fortgeschrittenen an. Das Mindestalter beträgt 14 Jahre; ein ärztliches Tauglichkeitsattest (auf Englisch) muss mitgebracht oder auf Malta eingeholt werden.

Tauchschulen auf Malta (eine Auswahl): *Divemed (Zonqor Point | Marsaskala | Tel. 21 63 99 81 | divemed.com); Madshark (im Hotel Ambassador | St Paul's Bay | Tel. 21 58 42 74 | madsharkmalta.com); Octopus Garden (im Suncrest Hotel | Qawra | Tel. 21 58 43 18 | und im Gillieru Harbour Hotel | St Paul's Bay | Tel. 21 57 87 25 | octopus-garden.com); Paradise Diving School (im Paradise Bay Hotel | Cirkewwa | Tel. 77 77 66 65 | paradisediving.com).*

Tauchschulen auf Gozo (eine Auswahl): *Calypso Diving Centre (Marsalforn | neben Hotel Calypso | Tel. 21 56 17 57 | calypsodivers.com); Frankie's Gozo Diving Centre (Mgarr Road | Xewkija | Tel. 79 00 95 65 | gozodiving.com);* deutsche Tauchschule: *Nautic Team Gozo (Triq il Vulcan | Marsalforn | Tel. 21 55 85 07 | nauticteam.com)*

WANDERN & LAUFEN

Mehrere Wanderrouten auf Malta und Gozo sind hinlänglich gut markiert. In den Büros der *Malta Tourism Authority* erhält man für jede Wandertour unter dem Titel *Country Walks* ausführliche Wegbeschreibungen zum Stückpreis von ca. 2,50 Euro.

INSIDER-TIPP
Wandern ohne GPS

Geführte Tageswanderungen auf Malta und Gozo von 9 bis 12 km Länge – Transfer und Picknick inklusive – veranstalten die staatlich lizenzierten Fremdenführerinnen Annette Meier und ihre niederländische Partnerin Siona dreimal wöchentlich zwischen November und April. Gewandert wird in kleinen Gruppen (5–17 Pers.): *Wandern auf Malta (Tel. 99 42 15 93 | wandernaufmalta.com).*

Schon seit 1986 finden auf Malta alljährlich Mitte/Ende Februar ein internationaler Marathon sowie ein Halbmarathon statt, an denen jeder teilnehmen kann. Start ist in Mdina, Ziel in Sliema. Anmeldeformulare über *Malta Tourism Authority.* Infos unter *maltamarathon.com.*

WINDSURFEN & WEITERE WASSERSPORTARTEN

Die Mellieha Bay ist das bei Weitem beliebteste Revier für Wundsurfer jeden Grades. Deswegen gibt es hier auch gleich zwei Surfstationen. Wer sein eigenes Equipment mitbringt, kann vor allen Küsten der Insel surfen. Könner buchen bei der mobilen Station *Surfing Malta (Garaxx 4 | Carmela Dimech Street | Mosta | Tel. 79 75 21 08 | surfingmalta.com)*, die ihre Reviere tagesaktuell nach dem Wind auswählt und auch Stand-up-Paddling und Yoga-Paddling organisiert. Kitesurfen ist bisher sowohl auf Malta wie auf Gozo nur mit eigenem Equipment möglich.

Zahlreich sind die Angebote für motorisierten Wassersport, von Jetski bis zum Wasserski, z. B. von *Yellow Fun Water Sports (GT Court D Flat 18 | Jean de la Valette Street | St Paul's Bay | Tel. 99 42 31 62 | facebook: Yellow Fun LTD)* oder *Sun & Fun (Corinthia Beach Hotel | St George's Bay | Tel. 99 22 43 63 | sunfunmalta.com)*.

Auf Gozo sorgt *Xlendi Watersports (Tel. 99 42 79 17 | gozoboathires.com)* mit Jetskis für den Geschwindigkeitsrausch auf dem Wasser. Außerdem kannst du dort bei ruhiger See auch ohne Bootsführerschein Motorboote mieten, um nach kurzer Einweisung mutig an der Steilküste entlangzufahren.

Spannend! Wer möchte nicht als Taucher mal ein Wrack erkunden?

DIE REGIONEN IM ÜBERBLICK

MEDITERRANEAN
SEA
Buġibba
IN UND UM VALLETTA S. 38
Städteurlaub mit viel Kultur und mittendrin ein großer Hafen
St. Julians
Sliema
Valletta
Rabat
Hamrun
Vittoriosa
Luqa
Marsaxlokk
Żurrieq
MALTAS SÜDOSTEN S. 70
Fischerboote, Steinzeittempel und kaum ein Hotel weit und breit

IN UND UM VALLETTA

GESCHICHTE ÜBERALL – CAFÉS ABER AUCH

Halb Malta ist eine Großstadt. Zumindest gefühlt. In der wohnen fast alle Urlauber und Besucher, die auf die Insel kommen – Städtereisende also. Das Tolle: Diese urbane Metropole ist voller Leben, liegt direkt am Meer und an scheinbar unzähligen Buchten. Die Uferpromenaden sind auf weite Strecken ihre pulsierenden Hauptadern. Gespickt mit Cafés und Bars, Restaurants, Yachthäfen, Hotels, Pools und sogar ein paar felsigen Badeplätzen.

Wenn die Lichter im Yachthafen von Valletta angehen …

Zur Orientierung ist es ratsam, einfach einen Blick auf die Karte hinten auf dem Buchumschlag zu werfen. Da liegen rund um die Hauptstadt Valletta scheinbar ganz viele verschiedene Orte. Doch das braucht nur Verwaltungsmenschen zu interessieren. In Wirklichkeit erstreckt sich ein einziges Häusermeer zwischen Paceville, Floriana, dem Flughafen, Paola, Tarxien und Vittoriosa. Zwischendrin gibt es viel Wasser, denn der Grand Harbour mit seinen Luxusyachten und Ruderbooten, Kreuzfahrtriesen und Frachtern grenzt direkt an die Altstadt.

VALLETTA ALTSTADT

MARCO POLO HIGHLIGHTS

★ **HAFENRUNDFAHRT**
Der beste Blick auf die Festungsmauern
➤ S. 43

★ **GRAND MASTER'S PALACE**
Der Großmeisterpalast wird auch heute noch für Staatsempfänge genutzt
➤ S. 47

★ **MALTA EXPERIENCE**
Audiovisionsschau im alten Ordenshospital ➤ S. 50

★ **NATIONAL MUSEUM OF ARCHEOLOGY/AUBERGE DE PROVENCE**
Maltas Altertum komplett – samt der kleinen Sleeping Lady ➤ S. 45

★ **REPUBLIC STREET**
Maltas beliebteste Shopping- und Flaniermeile ➤ S. 57

★ **ST JOHN'S CO-CATHEDRAL**
Der Prachtbau der Ordensritter ➤ S. 46

★ **HYPOGÄUM**
Geheimnisvolle Tempelanlagen unter moderner Bebauung in Paola ➤ S. 64

★ **TARXIEN**
Großsteinbauten aus einer Zeit ohne Metallwerkzeuge und Maschinen
➤ S. 65

★ **VITTORIOSA (BIRGU)**
Eine südländische Arbeiterwohnstadt voller Geschichte ➤ S. 66

Für Urlauber interessant sind eigentlich nur ein paar Ortschaften. Zwischen Valletta und dem nördlich davon gelegenen Paceville ist allein die Küste attraktiv, den Rest kann man vergessen.

Anders sieht es rund um den Grand Harbour aus: Da nehmen die alten Städte Valletta, Senglea und Vittoriosa je eine felsige Halbinsel für sich ein, haben viel romantisches Flair. Valletta ist einen ganzen Urlaub wert, Vittoriosa zumindest einen Nachmittag und Abend. In Senglea sitzt man gut, wenn man fast nur unter Einheimischen sein möchte.

Die Binnenorte Paola und Tarxien locken insbesondere Kulturfans mit steinzeitlichen Tempeln über und unter der Erde. Linienbusse pendeln gut organisiert zwischen den Stadtteilen, auch Personenfähren sind unterwegs. Da spürt man, dass man Urlaub am Mittelmeer macht. Und mitten in viel Geschichte.

Vor 500 Jahren standen hier nur die beiden Städtchen Vittoriosa und Senglea. Dann wollten die Türken die gerade erst von den Johanniterrittern übernommene Insel erobern. Die Ritter schlugen sie zurück – und erbauten als Siegesdenkmal Valletta, die wohl am stärksten befestigte Stadt ganz Europas. Vor etwa 200 Jahren kamen die Briten und bauten den

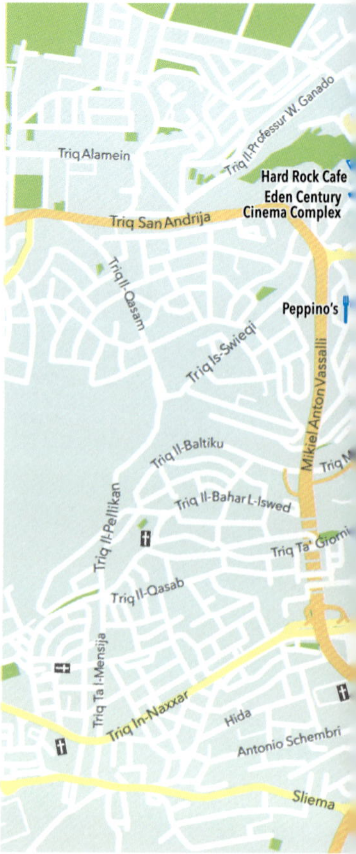

WOHIN ZUERST?

Erschließen lässt sich Valletta am besten beginnend beim **Freedom Square** mit seinem neuen **Parlamentsgebäude** *(📖 c4)* ganz in der Nähe vom Busbahnhof. Von der Fähre sind es hierher fünf Minuten. Es ist ratsam, nicht mit dem Auto nach Valletta zu fahren, sondern mit der Fähre ab Sliema oder mit dem Linienbus, der von allen Inselorten aus die Hauptstadt anfährt. Wer dennoch mit dem Auto kommt, hofft am besten auf einen Parkplatz in der Tiefgarage unter dem Busbahnhof.

Grand Harbour zu ihrem wichtigsten Marinestützpunkt im Mittelmeer aus. Seine Ufer wurden ringsum bebaut. Am besten lernt ihr ihn bei einer ★ *Hafenrundfahrt* von Sliema aus kennen. Alle anderen Teile der Metropolregion sind Nachkriegskinder. Tagsüber ist da am meisten an der Uferstraße von Sliema los – und abends werden St Julian's und vor allem Paceville freitags und samstags zur vibrierenden Partymeile.

VALLETTA

(M7) **Was für eine Wandlung! Aus einer langweiligen Beamtenstadt mit vielen Kirchen und Museen ist in den letzten Jahren eine Kulturmetropole mit vielen Szenelokalen, Theatern und Straßencafés geworden.**

Zuvor ging die Hauptstadt Maltas (5200 Ew.) bei Büro- und Geschäftsschluss schlafen – jetzt ist um Mitternacht noch nicht Schluss. Man wohnt wieder gern in Valletta, sogar eine ganze Reihe kleiner Boutiquehotels ist in alten Gemäuern entstanden. Hauptgrund für all das: die Berufung Vallettas zur Europäischen Kulturhauptstadt 2018.

Gefeierte Architektur: Renzo Pianos neues Parlament am Freedom Square

Und Kultur gibt es dort nicht erst seit heute. Valletta ist eine Barockstadt wie aus einem Guss. Vor der türkischen Belagerung von 1565 stand auf der ganzen Halbinsel nur das Fort St Elmo, sonst nichts. Großmeister Jean Parisot de la Vallette ließ die Stadt als Siegesdenkmal orientierungsfreundlich am Reißbrett planen. Der Vatikan und Europas Fürstenhäuser gaben Geld, noch vor Ende des Jahrhunderts sah Valletta so ähnlich aus wie heute. Gewaltige Stadtmauern umringen es, ritterliche Paläste werden noch heute von Ministerien, dem Minister- und dem Staatspräsidenten genutzt. Bis aufs architektonisch exzellente Parlamentsgebäude trübt kein einziger hässlicher Neubau das Bild.

Die schnurgerade, aber beschwingt hoch und runter verlaufende *Republic Street* ist heute Haupteinkaufsstraße und Flaniermeile zugleich, präsentiert sich oft mit Fahnen und Bannern geschmückt. Fromme Prozessionen mit viel Blasmusik erfüllen sie ebenso mit Leben wie Karnevalsumzüge, für den Schutz des ungeborenen Lebens demonstrierende Pfadfinder mit Dudelsäcken, Polizeistreifen auf Segways und Modenschauen. Philharmonische Orchester üben bei geöffneten Türen, Straßenkünstler ermalen sich Geld. Das ist vielleicht das Schönste an Valletta: Hier zeigt sich das Leben in all seiner Vielfalt. Und trotz der historischen Häuserschluchten und manch enger Gasse fühlt man sich von den mittelalterlichen Mauern nicht eingesperrt. Imposante, parkartige Bastionen eröffnen stets einen grandiosen Blick über die Insel, ihre Buchten und das offene Meer zwischen Afrika und Europa.

SIGHTSEEING

1 FREEDOM SQUARE

Das ist Spitze! Mit dem seit 2017 in neuem Glanz erstrahlenden Freiheitsplatz ist Malta ein ganz großer architektonischer Wurf gelungen. Sein Erfinder ist der italienische Architekt Renzo Piano, der auch das Weltstadthaus in Köln, das Nemo in Amsterdam, das Zentrum Paul Klee in Bern und The Shard in London, mit 310 m Europas höchsten Wolkenkratzer, entwarf. Hier in Valletta hat Renzo Piano Geschichte zum Schwingen gebracht.

Das alte Stadttor, das *City Gate*, wurde abgerissen. Vom leicht geneigten Freiheitsplatz führt der Blick jetzt zum Himmel. Die alten Stadtmauern, aus Furcht erbaut, wurden überwindbar gemacht: breite Freitreppen führen hinauf.

Dominanter Bau am Platz ist das *Parlamentsgebäude*, erbaut ganz und gar aus gozitanischem Kalkstein. Renzo Piano hat dabei die Natur respektiert: Die Steinblöcke wurden beim Abbau nummeriert und in der gleichen Schichtung verwendet, wie sie vorher im maltesischen Boden lagen. Der Bau ist ein Sinnbild für wehrhafte Demokratie: Von außen wirkt er wehrhaft wie eine Burg, nahezu fensterlos. Geht man jedoch ganz nahe heran, erkennt man, dass er viele große Fenster hat. Innenbesichtigungen sind nur an wenigen Tagen im Jahr möglich, aber alle Parlamentsdebatten werden live im Parlaments-TV übertragen. Zudem ist das Gebäude zweiteilig, nur durch zierliche Brücken auf zwei Ebenen miteinander verbunden. So bleibt der Blick frei auf den historischen *St James Cavalier* als Hort der Kultur – und man kann ohne jede Sicherheitskontrolle zwischen den beiden Gebäudeteilen hindurchgehen, quasi hinter die Kulissen schauen.

INSIDER-TIPP
Unverhoffter Duchblick

Ein Werk Renzo Pianos ist auch noch das markante *Freilufttheater* gleich daneben: Es wurde in die nur leicht restaurierte Ruine des im Zweiten Weltkrieg ausgebombten Opernhauses gesetzt, bleibt so als Mahnmal gegen den Krieg erhalten. *Valletta* | *c4*

2 NATIONAL MUSEUM OF ARCHEOLOGY/AUBERGE DE PROVENCE ★

Museumsmief kommt hier gar nicht erst auf. Dafür ist die Sammlung im 1574 erbauten Ordenspalast der Ritter der Provence viel zu klein. In einer guten halben Stunde hat man alles Wichtige gesehen und kapiert, dass die Malteser vor über 5000 Jahren die genialsten Baumeister Europas waren. Ganz ohne Metallwerkzeuge, nur mit der Muskelkraft von Menschen und Tieren und erstaunlich viel Verstand.

Wer es genauer wissen will, nimmt sich an der Kasse einen kostenlosen Audioguide – ansonsten staunt man einfach nur! Unter anderem über die technische Leistung, tonnenschwere Steinblöcke kilometerweit auf Steinkugeln zu transportieren, sie sogar noch horizontal als Bedachung hochzuhieven.

Zu sehen gibt es auch die ältesten von Menschen geformten Tierköpfe (5000 v. Chr.) und die ersten Menschenfiguren (4400 v. Chr.). Oder herrliche Tierreliefs: Fische, fünf Ziegen und ein Schwein in einer Art Prozession, 22 weitere Ziegen in Doppelreihe. Schau dir vor allem aus der Vogelperspektive die Modelle der Tempel an, die du bei Rundfahrten über die Inseln in freier Natur erleben wirst – und sei froh, nicht wie die berühmte *Sleeping Lady* auszusehen, die seit 5000 Jahren als Figurine breithüftig dahindöst. Wer Geschmack an der Archäologie gefunden hat, geht auch noch ins Obergeschoss hinauf: Dort gibt's Funde aus der Bronzezeit und der phönizischen Epoche. *Mi–Mo 9–17 Uhr | Eintritt 5 Euro, Kinder 3,50 Euro | Republic Street | Valletta | ⏲ 45 Min. | 🕮 c4*

3 ST JOHN'S CO-CATHEDRAL ★

Eine Kirche wie diese gibt es kein zweites Mal! Auch Kirchenmuffel sollten auf ihren Besuch nicht verzichten. Am außergewöhnlichsten ist der Boden der Kirche. Er ist über und über bedeckt von 375 Grabplatten mit Einlegearbeiten in verschiedenfarbigem Marmor, unter denen Ordensritter beigesetzt sind. Die Platten tragen Inschriften und Wappen, aber auch immer wieder Darstellungen von Totenschädeln und Skeletten.

Fast ebenso eindrucksvoll sind die Wände und Decken. Kein Fitzelchen blieb unverziert. Jede Landsmannschaft der Ritter hatte hier ihre eigene Seitenkapelle, wollte die andere unbedingt an Eleganz und Aufwand übertreffen. Auf der linken Seite sind das von hinten nach vorn die Kapelle Deutschlands, Italiens, Frankreichs, der Provence und schließlich die von Bayern und Großbritannien gemeinsam; auf der rechten Seite sind es die Portugals und Kastiliens, Aragóns und der Auvergne.

Das 1608 entstandene Altarbild jedoch – Maltas bedeutendstes Gemälde überhaupt – stammt von dem italienischen Maler Michelangelo da Caravaggio. Es hängt heute im *Oratorium*. Mit raffinierten Licht- und Schattenkontrasten malte der Barockkünstler die dramatische Enthauptung Johannes des Täufers. Auf der linken Seite kommt die junge Salome herangeeilt, die schon die goldene Schale für das abgeschlagene Haupt des Täufers bereithält. Signiert hat Caravaggio sein Werk makabrerweise ausgerechnet in einer Blutlache auf dem Boden mit dem Schriftzug „fr. michelang".

Der St John's Co-Cathedral ist ein *Museum* angeschlossen, das man vom

Oratorium aus erreicht. Es besitzt 29 Gobelins, die alljährlich im Juni das Museum verlassen und in der Kathedrale selbst aufgehängt werden. Sie entstanden im 17. Jh. in Brüssel. 14 von ihnen zeigen Szenen aus den Leben Jesu, 14 sind Allegorien auf die katholische Kirche, einer zeigt den spanischen Großmeister Perellos als edlen Stifter. *Co-Cathedral und Museum Mo–Sa 9–16.45 Uhr | Eintritt 15 Euro | Besuchereingang an der Republic Street | Valletta | stjohnscocathedral.com | 1 Std. | d4*

Es glänzt und glitzert in der St John's Co-Cathedral, die sogar ein Gemälde Caravaggios besitzt

4 GRAND MASTER'S PALACE ★

Der große Palast im Herzen Vallettas ist beileibe kein totes Denkmal. Wachsoldaten in Paradeuniformen stehen vor dem Hauptportal. Sie beschützen – wohl nur symbolisch – den maltesischen Präsidenten, der hier seinen Amtssitz hat. Häufig fahren Luxuslimousinen mit hohen Staatsgästen vor, im Februar 2017 fand hier auch die Gipfelkonferenz der EU-Ministerpräsidenten statt. 1963–2015 tagte im Palast das maltesische Parlament. Erbaut wurde er gleich bei der Gründung Vallettas als Prachtresidenz des Ordensfürsten, des Großmeisters also.

Die strenge, zweigeschossige Palastfassade repräsentiert den Stil des 16. Jhs. Die hölzernen Eckerker sind jünger, die Barockportale wurden erst im 18. Jh. angefügt. Überraschend lieblich wirken die beiden großen Innenhöfe: der *Neptunshof* mit der Statue des antiken Meeresgotts und einem Brunnen, früher eine Pferdetränke, und der *Prinz-Alfred-Hof* mit einer schlanken Palme und einer schönen Andentanne. An der Turmuhr dieses Hofs schlagen seit 1745 bronzene, dunkelhäutige Gestalten in türkischen Uniformen jede volle Stunde.

Die Waffenkammer *(Armoury)* erreicht man vom Neptunshof aus. In ihr sind viele der insgesamt 5700 erhaltenen Waffen und Rüstungsteile der Ordensritter ausgestellt, darunter die goldverzierte Rüstung des Großmeisters Alof de Wignacourt (1601–22). In den *Prunkgemächern* im Obergeschoss geht's zunächst durch den 31 m langen *Palastkorridor* mit Deckengemälden, die die Seeschlachten und Kaperfahrten der Ordensritter darstellen. Im *Gelben Saal (Yellow Room)* berichten Fresken aus der frühen Geschichte des Ordens. So sieht man, wie 1250 die Ritter den französischen König Ludwig IX. vom ägyptischen Sultan auslösten oder wie 1229 König Friedrich II. eine Truppe von Johanniter- und Templerrittern in die Schlacht führte.

Wo Ritter und Rüstungen zu bestaunen sind: Armoury Corridor im Grand Master's Palace

Im *Botschafterraum (Ambassador's Room)* wird die Ordensgeschichte durch acht weitere Fresken dokumentiert. Dargestellt ist auch die Ankunft der Ritter auf Rhodos 1309 und ihr Abzug von dort im Jahr 1522. In den Sesseln dieses Raums saßen schon Papst Johannes XXIII., George Bush und Michail Gorbatschow. Im *Saal des Großen Rats (Hall of the Supreme Council)* gehen zwölf Fresken auf die Große Belagerung von 1565 ein. Im *Speisesaal (State Dining Room)* hängen Porträts aller bisherigen Staatspräsidenten Maltas sowie von Königin Elizabeth II., die vor der Unabhängigkeit Maltas bis 1974 offizielles Staatsoberhaupt der Inselrepublik war.

Keiner verlässt den Grand Master's Palace, ohne nicht auch einen Blick in den *Gobelinsaal (Tapestry Chamber)* geworfen zu haben. Er diente bis 1976 als Sitzungssaal des maltesischen Parlaments. An den Wänden hängen zehn einzigartige Gobelins aus Seide und Baumwolle, die in leuchtenden Farben Pflanzen, Landschaften, Tiere und Menschen in den Tropen zeigen. Sie wurden um 1700 in der Hofweberei Ludwig XIV., der *Manufacture Royale des Gobelins*, in Paris gewebt. Die Fresken über den Gobelins zeigen Kaperfahrten der Ordensritter. Der Großmeisterpalast wird zurzeit saniert und museal neu gestaltet. Die Wiedereröffnung ist für 2025/26 geplant; Teilbereiche werden eventuell schon früher wieder zugänglich; Infos auf *heritagemalta.mt. Zugang von der Republic Street | Valletta | 1 Std. |* *d4*

5 STRAIT STREET

Bis zum Abzug der britischen Marine 1963 wurde in der Strait Street das Geld überwiegend im Liegen verdient. Dann erloschen die letzten roten Lichter, Trübsal zog ein. Jetzt wurde die schmale Straße anständig und zeugt zunehmend Kinder: Auch die umliegenden Gassen werden vom Nightlife-Virus erfasst. *Valletta |* *d-e 3-4*

6 MANOEL THEATRE

Fortschrittliches Malta: Tickets für Aufführungen in diesem ganz besonderen Theater lassen sich in Minutenschnelle übers Internet auswählen, bezahlen und ausdrucken. Dann ist dein Platz in einem der ältesten, noch immer bespielten Theater der Welt, Baujahr 1732, garantiert. Die Besichtigung des prunkvollen ovalen Innenraums, in dem 600 Zuschauer Platz haben, lohnt – auch ohne Aufführung. Seine vier Ränge mit ihren Logen sind aus bemaltem Holz gefertigt. Dem Theater sind ein Theatermuseum und ein niveauvoller Souvenirshop angeschlossen. *Führungen Mo–Do 10.30–15, Fr 10.30–12, Sa 10.30–12.30 Uhr ca. alle 45 Min. | Führung 5 Euro | Old Theatre Street | Valletta | teatrumanoel.com.mt |* *d3*

7 CASA ROCCA PICCOLA

Drin wohnen möchte man eher nicht. Die wertvollen Antiquitäten in diesem Stadtpalais aus dem 16. Jh. des Marquis de Piro sind einfach erdrückend. Aber spannend ist es schon, einmal zu sehen, wie der maltesische Adel lebt. In diesem Fall der Marquis de Piro mit seiner Familie. Sein Sohn Clement vermietet in den herrschaftlichen Gemäuern seit 2017 sogar ein paar Gästezimmer. Wer ziemlich sicher gehen will, von einem blaublütigen Familienmitglied geführt zu werden, bucht die Tour *(250 Euro für bis zu 10*

INSIDER-TIPP
Adel gegen Aufpreis

Personen | Voranmeldung erforderlich). Aber auch das junge Team an Mitarbeitern, das auf der Homepage schon ausführlich vorgestellt wird, ist engagiert und anekdotenreich bei der Sache.

Wer hinterher in die Tiefen der Geschichte abtauchen möchte, steigt in den Privatbunker hinab, in dem sich die de Piros im Zweiten Weltkrieg vor deutschen und italienischen Bomben in Sicherheit brachten. *Mo–Sa 10–16 Uhr stündlich | Eintritt 10 Euro | 74 Republic Street | Valletta | casaroccapiccola.com | 45 Min. | e3*

8 FORT ST ELMO

Man meint hier fast, das Kriegsgetöse vergangener Zeiten zu hören. Das Fort stand ganz einsam an der Spitze der völlig unbebauten Halbinsel, die heute Valletta trägt, als 1565 die Türken kamen. Gegenseitig schoss man sich die Köpfe Enthaupteter zu. Im Zweiten Weltkrieg wurde von hier aus letztinstanzlich verhindert, dass deutsche und italienische Schiffe und U-Boote in den Grand Harbour eindrangen. Und heute wird das Ganze vielleicht ein wenig zu stark glorifiziert. Das *National War Museum (Mi–Sa, Mo 9–17, So 12–17 Uhr | Eintritt 10 Euro)* im Fort berichtet mehr vom Mut als vom Leiden der Soldaten und der Zivilbevölkerung, zeigt viel Kriegstechnik.

Und immer wieder sonntags exerzieren bei der *In-Guardia Parade (So 11–11.40 Uhr | Ticket 10 Euro, Kombiticket mit War Museum 17 Euro, | Termine auf visitmalta.com)* im Hof des Forts 50 erwachsene Männer in farbenprächtigen Uniformen und Rüstungen jener Zeit, fechten und schießen, als seien Mord und Totschlag die reinste Freude. *1–1 ½ Std. | f2*

9 MALTA EXPERIENCE/ SACRA INFERMERIA

Die maltesische Geschichte im Schnelldurchgang, bildstark und quadrophonisch. Das bietet der Klassiker unter Maltas vielen Audiovisionsshows, ★ *Malta Experience (Mo–Fr stündlich 11–16, Sa–So 11, 12 und 13, Okt.–Juni auch 14 Uhr | Eintritt 16 Euro | themaltaexperience.com).* Sie dauert 45 Minuten. Die Erläuterungen zu den über 3000 Fotos werden in 14 Sprachen gegeben, eine auf jedem Kanal. Hinterher weiß man, was man sich unbedingt noch live anschauen will.

Der Saal, in dem die Show gezeigt wird, ist auf dem Innenhof des riesigen Hospitals der Ritterzeit angelegt. Diese bereits 1575 erbaute *Sacra Infermeria* war das modernste Krankenhaus seiner Zeit. Jeder Patient hatte hier sein eigenes Bett – ein enormer Luxus, den viele von zu Hause gar nicht kannten. Insgesamt standen über tausend Betten in sechs verschiedenen Sälen.

Vom Orden ausgebildete Ärzte und Pfleger taten hier Dienst. Aus Hygienegründen wurde das Essen auf silbernen Tellern serviert. Auch die hochadligen Ordensritter mussten sich hier sporadisch in Demut üben und Kranke versorgen, die gesellschaftlich weit unter ihnen standen. Selbst Religionszugehörigkeit und Gefangenschaft spielten damals keine Rolle, gab es doch sogar einen kleineren Kranken-

saal für gefangen genommene Moslems.
Der größte der Krankensäle ist 160 m lang. Hier finden heute häufig Veranstaltungen statt; ansonsten ist er in Verbindung mit dem Besuch der *Malta Experience Show* zugänglich. In anschließenden Kellergewölben informiert die Ausstellung *The Knights Hospitallers (9.30–16.30 Uhr | Eintritt 5 Euro)* anhand von Originalen, Modellen und mit Puppen nachgestellten Szenen anschaulich über das Gesundheitswesen der Ritterzeit. *St Lazarus Bastion | Triq Il-Mediterran | Valletta | 1 Std. | f3*

10 LOWER BARRACCA GARDENS

In der kleinen Parkanlage kann man glatt zum „Sehmann" werden. Mit einem auf Griechisch getrimmten Tempelchen im Rücken, das an den ersten britischen Hochkommissar Maltas erinnern soll, sitzt man im Blütenmeer und schaut den tatsächlichen Seemännern ziemlich hautnah bei der Arbeit zu: Lotsen, die von Bord der Frachter und Kreuzfahrtriesen gehen, Schleppern, die beim Bugsieren helfen, und Kapitänen, die die enge Hafenein- und -ausfahrt zu treffen versuchen. *Frei zugänglich | Triq Mediterran | Valletta | e–f4*

11 CRUISE TERMINAL

Traumschiff ahoi! Am Kreuzfahrtterminal im Grand Harbour liegen fast immer zwei oder drei große Pötte. Da entstehen neue Urlaubsträume. Rauf auf die Kreuzfahrtriesen darf man nicht, aber gut sehen kann man sie auch von der *Valletta Waterfront* mit

Schiffe in Sicht! Vom Siege Bell War Memorial unterhalb der Lower Barracca Gardens

ihren vielen netten Cafés und Restaurants aus. *c6*

12 UPPER BARRACCA GARDENS/ SALUTING BATTERY

Vallettas schönste Parkanlage! Die *Upper Barracca Gardens*, schon 1775 auf der *Bastion St Peter and Paul* angelegt, liegen auf dem höchsten Punkt der Stadtmauer und gewähren einen grandiosen Ausblick über den Grand Harbour und die alten Städte Senglea und Vittoriosa, auf die Werft sowie die tiefer gelegenen Teile der Hauptstadt.

INSIDER-TIPP
Du und Sir Winston

Selfie mit dem britischen Weltkriegs-Premier Churchill gefällig? In den Parkanlagen steht Sir Winston als Statue. Auch die Unterschicht ist da: Der maltesische Bildhauer Antonio Sciortino hat Straßenjungen in Bronze gegossen. *Castille Square | Valletta*

Die Terrasse unmittelbar unterhalb der Parkanlage ist die *Saluting Battery (tgl. 10–16.30 Uhr, Salut um 12 und 16 Uhr | Eintritt 3 Euro | Zugang von den Upper Baracca Gardens und der Battery Street | salutingbattery.com)*. Da kann man pünktlich zum High Noon seine analoge Uhr stellen: Wie in britischen Kolonialzeiten wird sekundengenau ein Mittagssalut geschossen, nach dem auch ganz offiziell alle Schiffsuhren gestellt werden konnten. Das war wichtig, damit die Navigation auf See klappte. *d5*

13 LASCARIS WAR ROOMS

Schon wieder Krieg. Die Erinnerungen daran sind in Valletta eben allgegenwärtig. Diese in einer Felsbastion aus Ritterzeiten angelegte Bunker nehmen allerdings eine Sonderstellung ein. Hier wurde tatsächlich Weltgeschichte geschrieben: Im Raum, von dem aus der spätere US-Präsident Dwight D. Eisenhower die alliierte Invasion Siziliens befehligte, wird noch immer die knisternde Atmosphäre von damals deutlich. Selbst die Lagekarten sind noch erhalten. Die Invasion begann am 10. Juli und endete am 24. Juli 1943 mit der Absetzung des italienischen Diktators Mussolini. *Tgl. 10–16.30 Uhr | Eintritt 14 Euro | Zugang über Battery Street neben den Upper Barracca Gardens oder vom Las-*

Täglich Salutschüsse, aber sonst geht es in den Upper Barracca Gardens ganz entspannt zu

caris Ditch aus | Valletta | wirtartna.org | 40–50 Min. | d5

14 MUZA

In Maltas jüngstem Museum kommt die zeitgenössische Künstlerszene des Lands groß heraus. Das Café im Innenhof des ehemaligen Palasts der italienischen Ritter, die Auberge d'Italie, ist ihr öffentlicher Treffpunkt. Maltesische Kunst steht da als Gesprächsthema ganz obenan. Auch Hobbykünstler sind willkommen. Ihre Werke stehen und hängen hier gleichberechtigt mit auf Malta entstandenen Werken der letzten zweihundert Jahre. *Jan./Feb. Mi–Mo 9–17, März–Dez. tgl. 10–18 Uhr | Eintritt 10 Euro | Merchants Street | Valletta | muza.heritagemalta.org | 30–50 Min. | d4*

15 AUBERGE DE CASTILLE, LÉON E PORTUGAL

Ist der rote Teppich ausgerollt, wird ein hochrangiger Gast erwartet. Der eindrucksvolle einstige Palast der „Ritter von der Iberischen Halbinsel", die Auberge de Castille, Léon e Portugal aus dem 18. Jh., ist heute Sitz des maltesischen Ministerpräsidenten. Von dessen oft davor parkendem Dienstwagen, nur sehr unauffällig bewachten, darf man sogar ein Foto schießen. Das geht mit kaum einer deutschen Staatskarosse! *Keine Innenbesichtigung | Castille Place | Valletta*

16 ST JAMES CAVALIER

Kunst statt Krieg: Die Festung St James, einst ein mächtiges und bedeutendes Bollwerk auf der Landseite der Verteidigungsmauern, wurde zu einem lebendigen *Centre for Creativity*. Hier finden Konzerte und Wechselausstellungen zeitgenössischer Künstler und Kunsthandwerker aus Malta statt. Atmosphärisch sehr dicht sind auch der kleine Theatersaal, in dem man den Schauspielern ganz nah kommt, und das Programmkino mit vielen anspruchsvollen Filmen. *Mo–Fr 9–21, Sa/So 10–21 Uhr | Programminfo unter Tel. 21223200 oder kreattivita.org | Eintritt frei | Pope Pius V. Street | Valletta |* *c–d5*

INSIDER-TIPP
Kultur am Abend

Von Sliema aus hat man auch ohne Fährfahrt einen Superblick auf die Silhouette von Valletta

17 SLIEMA FERRY

Der Dreh- und Angelpunkt Sliemas. Schnittpunkt vieler Buslinien, Startpunkt für Hafenrundfahrten und der Fähren hinüber nach Valletta. Dazu ein vor allem von Sprachschülern und -lehrern stark frequentierte Cafés, viel Fast Food, im Sommer sogar auch ein bayerischer Wurststand. *Sliema |* *M8*

18 BALLUTA BAY

Fotogener geht's kaum. Im Sommer sind Hunderte bunter Boote in der schmalen Bucht vertäut, ringsum brodelt das Nachtleben. Man sitzt erhöht auf den Terrassen von Restaurants und Bars, auf der *pjazza* unter Judas-

bäumen oder auch auf den Terrassen von Labour Party, *band club* und Mac Donald's. „Love" verkündet die moderne Skulptur Richard Englands, eines international renommierten maltesischen Architekten, Dichters und Künstlers. Warum die Buchstaben auf dem Kopf stehen? Damit sie lesbar sind, wenn sie sich im Wasser spiegeln. Liebe geht eben manchmal seltsame Wege. *Uferstraße an der Grenze zwischen Sliema und St Julian's | M7*

ESSEN & TRINKEN

D' OFFICE

So stellt man sich wohl eine mediterrane Taverne vor! In zwei kleinen Räumen schmücken alte Filmprojektoren, Schreibmaschinen, eine Geige, Kaffeemühlen, Geldscheine aus der ganzen Welt und alte Schlüssel die Wände. Der Service ist familiär, das Essen gut. Die Karte ist klein, es gibt offenen Wein. Hier geht es zu wie bei Maltesern zu Hause. *Tgl. | 132 Archbishop Street | Valletta | Tel. 27 22 14 75 | doffi cebistro.com | €€ | e4*

LEGLIGIN

Der Name ist pure Lautmalerei, vielleicht einfach mit „gluckgluck" zu übersetzen. Das Lokal erfordert Vertrauen: Erst geht's ein paar Stufen in einen Gewölbekeller hinab – und dann gibt's noch nicht einmal eine Speisekarte. Küchenchefin Cyrille Darras kocht was sie will, ihre Mitarbeiter bringen es dem Gast. Mal sechs, mal sieben oder acht Gänge, einen Querschnitt durch eine französisch verfeinerte maltesische Küche. Abends kostet das Menü unter 30, mittags sogar unter 20 Euro – selbst auf Sonderwünsche von Allergikern wird Rücksicht genommen. Viele maltesische Weine werden glasweise ausgeschenkt, da kann man zu jedem Gang den passenden wählen. *Tgl. | 117–119 Santa Lucia Street | Valletta | Tel. 21 22 16 99 | €€ | c3*

Autos? Hier nicht! Entspannter Shoppingbummel in der zentralen Republic Street

IS SUQ TAL-BELT

Die historische Markthalle von Valletta aus dem 19. Jh. ist jetzt der *food market* der Stadt. An zahlreichen Garküchen holt ihr Leckeres aus aller Welt und verzehrt es dann an den allen gemeinsam gehörenden Tischen. Ob Tapas oder Sushi, Pasta, Pizza oder Burger, Kebabs, Pulled Pork oder Maltesisches, alles ist da. Sogar eine Mozarella-Bar (14 Varianten des Käses) und ein Stand nur mit Kuchen und Desserts sind zu finden. *Tgl. 7–1 Uhr | Merchants Street | Valletta | € |* *d–e4*

INSIDER-TIPP
Kulinarische Weltreise

AVENUE

Der Renner in St Julian's. Die 340 Plätze sind stets gut gefüllt. Helles Holz, viel Farbe, große Portionen zu einem guten Preis: Pizza und Pasta, Burger und Salate, Standards vom Grill. Nichts für Feinschmecker – aber genau das richtige Ambiente vor dem Gang in die Diskothek. *Tgl. | One Portomaso | St Julian's | Tel. 21 31 17 53 | € |* *M7*

SALUMERIA GARDENS

Ein wenig erinnert das Ambiente in diesem Freiluftlokal an einen guten bayerischen Biergarten, aber ein Blick rundum holt dich sofort nach Malta zurück: Hier sitzt du im Garten eines kleinen Ritterpalasts. Du isst, was vermutlich auch die Ritter schon gemocht hätten: Pizza aus hausgemachtem Teig, Wurst- und Käseplatten zu Wein oder Bier vom Fass. Danach bist du dem intensiven Nightlife von Paceville ganz nah. *Tgl. ab 18 Uhr | Spinola Palace Gardens | St Julian's | Tel. 77 77 07 46 | € | M7*

BLUE ELEPHANT

Die berühmten Thai-Restaurants aus Bangkok und Phuket haben auch auf Malta eine Tochter. Da sitzt du zwischen kleinen Wasserfällen im tropischen Grün und genießt eine königlich-thailändische Küche mit Blick auf das Mittelmeer. *Nur abends | Portomaso (im Hilton) | St Julian's | Tel. 21 38 33 83 | €€€ | M7*

PEPPINO'S

Italo-Klassiker auf drei Etagen, mit Dachterrasse und Raucherraum. Gute Lammgerichte. *Mo–Sa | 31 St George's Road | St Julian's | Tel. 21 37 32 00 | €€€ | M7*

LA MALTIJA

Maltesisch für Promis: Mitinhaber und Chefkoch Charles Spiteri wurde schon vom Fernsehen als bester Koch Maltas ausgezeichnet, hat bereits maltesische Präsidenten und Englands Iron Lady Margaret Thatcher bekocht. Besonders gut sind der frische Fisch und die Meeresfrüchte von der Auster bis zur Languste. Unbedingt vorher reservieren. *Mo–Sa nur abends | 1 Church Street | Paceville | Tel. 21 35 96 02 | lamaltija.com | €€ | M7*

HENRY J. BEANS

Das legere Lokal im Komplex des Hotels *Corinthia St George* ist ein beliebter Treffpunkt der Malteser zwischen 20 und 35 Jahren. Hier ist alles amerikanisch – von der Deko über die Musik bis zum Essen. Hamburger, Spareribs, Steaks und Fajitas sind die Renner. An den Wochenenden werden Themennächte mit Livemusik veranstaltet. *Tgl. ab 12, Happy Hour 17.30–19 Uhr | St George's Bay | St Julian's | Tel. 21 37 90 16 55 | €€ | M7*

VECCHIA NAPOLI

Ein Italiener, wie man ihn auch zu Hause lieben würde: Neapel, Ischia und die Campania prägen die Küche des Restaurants, das vor allem wegen seiner Pizzas inselweit gerühmt wird. Der Service ist flink und freundlich. *Mo–So abends, Sa/So auch mittags | 255 Tower Road | Sliema | Tel. 21 34 34 24 | €-€€ | M7*

SHOPPEN

Das Schöne am Shopping in Valletta: Öde Filialketten und Kaufhäuser gibt es hier nicht, größtenteils inhabergeführte Geschäfte sind angesagt! Die meisten Läden und Cafés konzentrieren sich auf die ★ *Republic Street* in der Altstadt und ihre Seitengassen. Sie ist die Nummer eins unter Maltas Shopping- und Bummeladressen. Lohnend ist auch ein Blick in die Geschäfte der *Merchants Street*, an der seit 2018 auch die alte Markthalle *Is-Suq Tal-Belt (Mo–Sa 7–23 Uhr)* als trendgemäßes Einkaufs- und Gastrozentrum mit einem guten Angebot in neuem Glanz erstrahlt.

AGENDA

Die beste Buchhandlung der Insel mit einer großen Auswahl an Bildbänden

und weiterführender Literatur über Malta und Gozo – und das sogar in verschiedenen Sprachen. *26 Republic Street | Valletta | millermalta.com | c4*

ANTHONY D'AMATO

INSIDER-TIPP
Vinyl-Detektive

Wirklicht crazy! Du suchst deine alte Lieblingsband auf Vinyl? Hier hat man sie oder findet sie für dich, wenn es die Platte noch irgendwo gibt. Familie d'Amato ist schon seit 1885 im Musikgeschäft, ihr Laden sieht noch fast so aus. Einige maltesische Songs hat sie unter eigenem Label herausgebracht. Die sind außerhalb Maltas nicht erhältlich. *99 St John Street | Valletta | d4*

THE SILVERSMITH'S SHOP

Silberschmiede gibt es etliche auf Malta, doch nur noch einige stehen auch ständig selbst in ihrem Laden. Matthew Borg ist so einer. Seine filigranen Arbeiten sind gut erschwinglich, denn kein Zwischenhändler verdient mit. Du kannst ihm hier auch bei der Arbeit zusehen und gern ein Selfie mit ihm machen. *218 Republic Street | Valletta | e3*

INSIDER-TIPP
Beim Silberschmied

WEMBLEY STORE

Geh hier besser nur satt hinein! In diesem markanten Geschäft mit historischer grüner Holzfassade warten auf drei Etagen flüssige und feste Köstlichkeiten verspeist oder mit nach Hause genommen zu werde. Vieles davon aus Malta und Italien, aber auch aus aller Welt. So manches ist auch als Snack für einen Stadtrundgang geeignet. Für Veganer und Allergiker gibt es ein großes Angebot, italienische Craft-Biere locken in originellen Flaschen. Maltesische Pas-

Kein Sandkorn stört auf den glatten Badefelsen von Sliema

tetchen werden hier vor den Augen des Käufers frisch gefüllt. Auch sonntags 10–13 Uhr geöffnet! *305 Republic Street | Valletta | c4*

THE POINT

Modisch leben die Malteser durchaus nicht hinterm Mond. Auch sie wissen renommierte internationale Labels zu schätzen. Was Rang und Namen hat, findet man auf den drei Etagen von Maltas modernster Shoppingmall versammelt. Das ersetzt zwar keine Reise nach London, Paris oder New York, aber ist für den Geldbeutel schon strapaziös genug. *Mo–Sa 9.30–19.30 Uhr | Tigne Point | Sliema | M8*

STRÄNDE & POOLS

Reicht doch! Zum Baden braucht man keinen Beach. Die Malteser machen vor, wie das geht. Breiten ihre Handtücher oder Isomatten auf Felsplatten aus, stellen Campingmöbel samt Grill ans Wasser. Das kostet gar nichts. Als vielleicht etwas bequemere Alternative bieten sich vor allem in Sliema diverse eintrittspflichtige Beachclubs und Poolterrassen an. Auch manche Hotels hier haben eigene, nicht öffentlich zugängliche Pools. Eins ist allen gemein: Wer ins Meer will, nutzt besser die Leitern und zieht vielleicht auch Badeschuhe an.

SLIEMA PITCH

Den größten Salzwasserpool direkt am Meer besitzt der *Waterpolo-Club* von Sliema, der über 2500 Mitglieder zählt. Entsprechend groß ist auch das vor allem für den *sunday lunch* beliebte Restaurant. Über Leitern gelangt man ins Meer, Sonnenschirme können gemietet werden. *Tageskarte 10 Euro | Tower Road | Höhe Fortizza | Sliema | sliema-asc.org.mt | M7*

PARADISE EXILES

Die simple Beachbar mit Jukebox statt modernem DJ-Pult vermietet auf den umliegenden Felsen im Süden der Baluta Bay Liegestühle und Sonnenschirme, auf der Barterrasse geht es im Hochsommer ganz leger zu. *Schirm 5 Euro | Balluta Bay | Sliema | M7*

1926 BEACH CLUB

Vom relativ kleinen, recht modernen Beach Club aus fällt dein Blick aufs offene Meer. Wer sich das Geld für die Sonnenliegen (*Mo–Do ab 10, Fr–So ab 15 Euro)* sparen will, reserviert einen Platz im Restaurant und hat das Sun Bed dann kostenlos. Da lohnt sich das Sushi. Im Sommer gibt's oft Livemusik. *Tgl. | Quisisana Seafront | Sliema | Tel. 79 66 19 26 | M7*

NEPTUNE'S FRESH WATER POOL

Der große Süßwasserpool samt Planschbecken ist vor allem bei Studenten und Sprachschülern beliebt, da relativ preiswert. Restaurant und Bar gehören ebenso wie eine Tauchschule gleich mit dazu. *Tageskarte je nach Monat 5–10 Euro, nach 16 Uhr 50 Prozent Studentenrabatt | Balluta Bay | St Julian's | neptuneswpsc.com | M7*

SPORT & SPASS

CHALLENGER GYM

Wer will nicht auf sein Fitnesstraining verzichten? In Valletta trainierst du unter lauter Einheimischen direkt in der Ritterstadt. *Mo–Fr 6–22, Sa 8–17, So 8–13 Uhr | 8 Euro/Tag, 30 Euro/Woche | Zachary Street | Valletta | Tel. 21 49 72 65 | challengermalta.com | c-d4*

EDEN SUPER BOWL

Mal wieder bowlen – zwanzig Bahnen stehen dafür zur Verfügung! Auch Ligawettkämpfe und internationale Turniere werden hier ausgetragen. *St George's Road | St Julian's | Tel. 23 71 07 70 | edensuperbowl.com | M7*

AUSGEHEN & FEIERN

Langeweile herrscht anderswo. Zwischen Valletta und Paceville (sprich: Patschäwill) ist abends immer was los. Valletta ist trendy, viele Bars und Lounges sind gerade erst entstanden. Das Publikum ist eher 30 plus, schätzt guten Stil und leisere Töne. Anders St Julian's und vor allem Paceville. Das gilt als die Mega-Party-Lounge des zentralen Mittelmeerraums. Im Sommer jede Nacht, während des Rests des Jahres zumindest an den Wochenenden weitet sich die Party von den Bars, Clubs und Diskos auf die meist autofreien Gassen aus. Da feiern dann auch viele Jugendliche mit, die unter 18 sind und zu den Lokalen keinen Zutritt erhalten. Der Eintritt zu Diskos und Clubs ist meist kostenlos.

ALCHEMY

INSIDER-TIPP
Im siebten Cocktailhimmel

Früher versuchten Alchemisten, künstlich Gold herzustellen. Mixologe Attila Felhosi und sein Team aber mixen in dieser kleinen Bar mit Herzblut und geheimnisvollen Zutaten goldwerte Signature-Cocktails und sind zauberhaft freundlich. *Di–So ab 18 Uhr | 93–94 Strait Street | Valletta | alchemyvalletta.com |* *D3*

BRIDGE WINE BAR

INSIDER-TIPP
Treffpunkt auf der Brücke

Die Bar ist winzig, aber ihre Terrasse groß: Tische und Stühle stehen auf einer breiten Brücke, die aus dem Stadtzentrum zum Hafen führt. Abends sitzt man hier sehr romantisch an Tischen, auf Mäuerchen und Treppenstufen unterm Sternenhimmel zwischen einer roten Telefonzelle, dem kolonialen Victoria Gate, typisch maltesischen Erkern und Hauswänden aus Malta Stone. Vor allem an Wochenendabenden gibt es dazu Livejazz (meist ab 20.30 Uhr). Zu Wein und Bier werden Käse- und Wurstplatten serviert. *Tgl. (an Wochenenden unbedingt reservieren) | St Ursula Street 258 | Valletta | Tel. 79 47 42 27 | Facebook: Bridge Wine Bar |* *d5*

THE PUB

Lust auf ein echt englisches Working-Class-Pub mit Geschichte? Dann bist du hier richtig. Am 1. Tisch links an der Wand fiel der britische Schauspieler Oliver Reed 1999 erst besoffen und

Paceville: Wo vor allem Jugendliche die Nacht zum Tag machen

Latin Nightclubs, Diskos und Bars drängeln sich in Paceville Tür an Tür

dann sofort tot vom Hocker, nachdem er zuvor noch fünf Armdrückduelle mit anderen Gästen gewonnen hatte. Viel getrunken wird hier auch heute noch, aber man vergnügt sich dabei auch mit typisch britischen Quiz Nights, Stand-up-Comedy-Shows und Filmabenden zu wohltätigen Zwecken. God save the king! *Tgl. ab 12 Uhr | Archbishop Street 136 | Valletta | Tel. 79 05 25 22 |* 🕮 e4

CAFÉ SOCIETY

Gute Cocktails und Long Drinks zu echt fairen Preisen sind ein Grund für viele maltesische Stammgäste. Ein anderer ist der Hafenblick von den wenigen Tischen auf der Gasse aus. Am wichtigsten aber sind Liveauftritte von Musikern und Bands. Jazz und Funk überwiegen dabei als Stilrichtung – und besonders viele Interpreten sind Frauen, denn man arbeitet hier eng mit dem „Malta Sound Women Network" zusammen. *Mo–Sa 12–1 Uhr | 13 St John's Street | Valletta | facebook: Cafe Society |* 🕮 d4–5

OFFBEAT MUSIC BAR

In der kleinen, eher schmucklosen Bar treten mehrmals im Monat zumeist maltesische Musiker verschiedener Stilrichtungen auf, donnerstags gibt es stets Livejazz. Hier steht die Musik im Vordergrund, nicht das Trinken. *Tgl. | Merchants Street 106 | Valletta | Tel. 79 86 55 06 | Programm unter Facebook: Offbeat Music |* 🕮 e3

CASEY'S BAR

Die kleine Bar in einem Wohnviertel ist ein echter Szenetreff. Beim Open

Mic am Dienstag und Samstag steht das Mikrofon allen Musikern, Comedians und Poeten offen, eine E-Gitarre ist auch da. Freitags werden lokale Bands eingeladen, montags können eher Unbegabte Karaoke praktizieren. *Tgl. ab 18 Uhr | 306 D'Argens Street | Gzira | M8*

BLACKBULL PUB

Ideal zum Vorglühen: Der große Pub im Herzen des Nightlife-Viertels ist zentraler Anlaufpunkt zwischen den Dancefloors. Vor dem Clubbing oder zwischendurch kann man auf der Straße relaxen. *Tgl. | Eintritt frei | Dragonara Road | Paceville | M7*

CASINO DRAGONARA PALACE

Roulette, Stud Poker, Black Jack und Punto Blanco: Maltas traditionsreiches Spielkasino steht an der Spitze einer felsigen Landzunge nahe dem Westin Dragonara Hotel. Auch 170 einarmige Banditen warten auf ihren Einsatz. Malteser haben erst ab 25 Jahren Zutritt, Nicht-Malteser schon ab 18 Jahren. Ausweispflicht, kein Krawattenzwang. Eine Bar und ein Restaurant *(tgl. | €€€)* sorgen fürs leibliche Wohl. *Tgl. | Paceville | Tel. 21 38 23 62 | dragonara.mt | M7*

EDEN CENTURY CINEMA COMPLEX

Aktuelle Filme und Filmklassiker werden in Originalfassung in 16 modernen Kinosälen und dem ersten *Imax Vodafone Filmcentre* des Mittelmeerraums präsentiert. Ab 100 Euro kann man auch zwei Stunden lang Videospiele auf einer Kinoleinwand spielen. *St Augustine Road | Paceville | Tel. 23 71 04 00 | edencinemas.com.mt | M7*

HARD ROCK CAFE

Ganz das Übliche – mit einer Original-Gitarre von Brian May als Trophäe. *Tgl. | Level 2 | Bay Street Centre | Paceville | hardrock.com | M7*

SKY CLUB

In einem der größten Indoor-Clubs der Insel ist auch im Winter viel los. Häufig finden hier auch Live-Events statt, für die man Tickets *(meist 20–35 Euro)* besser schon im Internet bucht. Livetermine auf Facebook. *Dragonara Road | Paceville | M7*

HAVANA

Die Mega-Disko: sechs Bars auf zwei Etagen. Platz für 3000 Leute. Drei Dancing-Areas mit verschiedenen Musikstilen: Black Music, Best of Commercials sowie Best of the 60s–90s. *Tgl. | Eintritt frei | St George's Road | Paceville | M7*

GUY'S BAR PLOUGH & ANCHOR RESTAURANT

INSIDER-TIPP **Prominente Hohlköpfe**

Eins der originellsten Pubs Maltas – ganz im englischen Stil. Gut für ein Quiz mit der Clique: Der Wirt sammelt Bierkrüge mit Promi-Köpfen aus Politik und Showbusiness. „Who is who" ist die Frage. Dazu bietet er zahlreiche Maltwhiskys an und hat insgesamt über 400 verschiedene Spirituosen vorrätig. *Mo geschl. | 263 Tower Road | Sliema | M7*

RUND UM VALLETTA

HYPOGÄUM ★

6km/ca. 15 Min. mit dem Bus vom Main Bus Terminus in Valletta

Einfach unglaublich: eine Totenstadt, vor 5000 Jahren unterirdisch erbaut und bestens erhalten. Das gibt es weltweit sonst nirgends. Wer hineinwill, muss sich frühzeitig die Tickets besorgen, denn die tägliche Besucherzahl ist streng limitiert. Auf einer Grundfläche von 500 m² sind drei Geschosse bis zu 14 m tief aus dem Fels herausgearbeitet worden – mit Gängen und Hallen, Kammern, Nischen und Stufen sowie Resten von Wandmalereien, die überwiegend dekorative Motive wie Ranken und Spiralen aufweisen. Viele Gestaltungsformen erinnern an die oberirdischer neolithischer Tempel. So gibt es auch hier Orakellöcher und sogar ein Anbindeloch für Opfertiere.

Entdeckt wurde das Hypogäum ganz zufällig beim Ausschachten einer Zisterne 1902. Die herbeigerufenen Archäologen fanden in dem unterirdischen Labyrinth etwa 7000 Skelette sowie Skelettreste von mehr als 20 000 weiteren Toten, die auf eine Begräbnisstätte

Hypogäum in Paola: War das Höhlenlabyrinth früher eine Ritualstätte für Priesterinnen?

schließen lassen. Einige Wissenschaftler vermuten, dass all diese unterirdischen Räumlichkeiten auch eine Initiationsstätte für Priesterinnen waren, die in den Tempeln der großen Muttergottheit, der *Magna Mater*, dienten.

Man hat im Hypogäum Statuetten zweier schlafender Frauen gefunden, darunter die berühmte *Sleeping Lady*, die heute im *National Museum of Archeology* (s. Seite 45) von Valletta ausgestellt ist. Haben so die Priesterinnen gewisse Zeit im Hypogäum verbracht, damit im Schlaf der Geist der Gottheit in sie einfuhr?

Täglich werden maximal 70 Besucher in Gruppen von jeweils zehn Personen eingelassen. Man sieht zunächst eine kurze Videoeinführung und wird dann auf festgelegten Wegen etwa 20 Minuten lang durch die faszinierende Unterwelt geführt. Tickets solltest du unbedingt schon von zu Hause aus buchten, da der Andrang groß ist!

INSIDER-TIPP
Früher Vogel fängt den Wurm

Eintrittskarten (35 Euro) für die tgl. Führungen (mit Audio-Guide, auch auf Deutsch) um 9, 10, 11, 13, 14, 15 und 16 Uhr können im Voraus unter heritagemalta.mt oder an den Kassen aller von Heritage Malta verwalteten Museen und archäologischen Stätten gekauft werden; für die tgl. Führungen um 12 und 16 Uhr sind Tickets (50 Euro) am Vortag nur an den Kassen des Hypogäums, des Fort St Elmo in Valletta auf Malta und des Archäologischen Museums in Victoria auf Gozo erhältlich, am Tag selbst auch im Archäologischen Museum Valletta | Eingang Triq ic-Cimiterju | Paola | *M9*

TARXIEN ★

7 km/ca. 15 Min. mit dem Bus vom Main Bus Terminus in Valletta

Mehr Tempel geht nicht: Inmitten moderner Bebauung steht in Tarxien (sprich: Tar-Schien) der größte *Tempelkomplex* Maltas. Er besteht aus vier Einzeltempeln, die zwischen 3800 und 2500 v. Chr. entstanden sind. Drei davon sind gut erhalten und teilweise sogar rekonstruiert.

Seit 2016 breitet sich über ihm ein gewaltiges Schutzdach wie ein Riesenschmetterling aus. Um die gesamte Anlage führt ein erhöhter Laufsteg, der nur sporadisch auch in die Tempel hineinreicht. Mit den Infos aus dem angeschlossenen Visitor Center und

Auch Oldtimer gehen gern an der Waterfront von Vittoriosa vor Anker

Erklärungstafeln entlang des Laufstegs erschließt sich dennoch gut das Aussehen des ehemaligen Kultbezirks. *Mi–Mo 9–17 Uhr | Eintritt 6 Euro | Neolithic Temple Street | Tarxien | M9*

VITTORIOSA

(N8) **So sanft kann Tourismus sein! ★ Vittoriosa bleibt von den Massen verschont, obwohl es nach Valletta und Mdina die historisch interessanteste Stadt der ganzen Insel ist. Das macht den Ort besonders reizvoll. Einen Nachmittag und einen Abend kann man hier bestens verbringen.**

Nur zum Dockyard Creek hin öffnet sich Vittoriosa (3000 Ew.) der modernen Welt. Am Kai der *Vittoriosa Waterfront* ankern 50-m-Yachten, einige Cafés und Restaurants bieten hier besonders abends eine schöne Gelegenheit, fast direkt am Wasser zu sitzen. Die exklusive *Grand Harbour Marina* der alten Ritterstadt Vittoriosa weihte 2005 die Queen persönlich ein.

Bevor die Ordensritter Valletta gründeten, residierten sie hier in Vittoriosa, damals *Birgu* genannt. Nicht Valletta, sondern Birgu war das Ziel der türkischen Belagerung im Jahre 1565. Hauptstädtisch gibt sich Vittoriosa heute überhaupt nicht mehr. Eher im Gegenteil: Die Bewohner sind überwiegend als Schauerleute und Dockarbeiter im Hafen tätig. Vittoriosa ist eine oft süditalienisch anmutende Wohnstadt, in der einige historische Denkmäler aus der Ritter-

zeit verstreut liegen.
Von den erhaltenen oder wieder aufgebauten Gebäuden aus der Ritterzeit, die leider fast alle nur von außen betrachtet werden dürfen, ist das ehemalige Ordenshospital, das *Hospital of the Order*, an der Triq Il-Miratur sehr eindrucksvoll. Es entstand bereits 1532 als einer der ersten Bauten der Ordensritter.
Weitere Bauten aus der Ritterzeit, alle durch Marmortafeln an der Hauswand gekennzeichnet, befinden sind in der Straße Triq Hilda Tabone, so die *Auberge de France (Hausnummer 24/27)*, die *Auberge de Castille (Nr. 57)*, die *Auberge de Portugal (Nr. 59)* und die *Auberge d'Auvergne et de Provence (Nr. 17/23)* sowie in der Triq Mistral die *Auberge d'Angleterre (Nr. 39/40)*.

SIGHTSEEING

FORT ST ANGELO

An der äußersten Spitze der Halbinsel zwischen dem Kalkara und dem Dockyard Creek ragt das Fort St Angelo auf, das von den Ordensrittern vor der Großen Belagerung erbaut und 1689 modernisiert wurde. Hier standen einst schon eine byzantinische und eine arabische Burg. Auf der Landseite ist Vittoriosa durch eine mächtige Mauer geschützt. *Mi–Mo 9–17 Uhr | Eintritt 10 Euro | Zugang vom Ende der Vittoriosa Waterfront aus | 30 Min.*

MUSEUM MALTA AT WAR

Durch das *Tor der Provence* gelangt man auf die Hauptstraße des Städtchens, die Triq il-Mina L-Kbira. Gleich links führt ein Wegweiser zum Museum hinunter, das in aus dem Fels gehauenen Tunneln Objekte aus der Zeit des Zweiten Weltkriegs und einen 30-minütigen Film über Malta im Krieg zeigt. *Mo–Sa 10–16.30 Uhr | Eintritt 14 Euro | Couvre Port | wirtartna.org | 1 Std.*

INQUISITOR'S PALACE

Das bedeutendste Gebäude Vittoriosas ist dieser 1535 erbaute, zweigeschossige Palast. Zu besichtigen sind der Gerichtssaal, in den der Angeklagte durch eine niedrige Tür geführt wurde, damit er sich beim Eintritt demütig ducken musste, zudem der Gefängnishof, Zellen und der Galgenhof. Mit kostümierten Schauspielern nachgestellte Verhör- und Folterszenen lassen wohl niemanden kalt. Bis 1798

walteten hier insgesamt 62 vom Papst eingesetzte Inquisitoren ihres Amtes; über die Zahl ihrer Opfer liegen keine Angaben vor. *Di, Do–So 9–17 Uhr | Eintritt 6 Euro | Triq Il-Palazz Ta' L-Isqof | 1 Std.*

SAN LAWRENZ/ ORATORJU SAN GUZEPP

Unten am Dockyard Creek öffnet sich die Fassade der barocken, reich ausgestatteten Pfarrkirche zur Wasserseite. Im Oratorium ist neben Gegenständen aus dem Privatbesitz von Rittern eine aus Rhodos mitgebrachte Ikone zu sehen.

Neben der Kirche erinnert nahe dem Ufer das Freiheitsdenkmal *(Freedom Monument)* an den Abzug der letzten britischen Soldaten von Malta im Jahre 1979. *Triq San Lawrenz*

ESSEN & TRINKEN

BEBIRGU

Auf dem Hauptplatz des Städtchens befindet sich das romantische Café-Restaurant im Clubhaus der *Muzikali Banda Vittoriosana San Lawrenz* aus dem Jahr 1883. Wer mag, kann hier in einem vom Innenhof ausgehenden Clubraum an einem uralten, riesigen Billardtisch den Qeue schwingen. *Tgl. | Tel. 77 22 00 77 | Misrah Ir-Rebha | €*

INSIDER-TIPP
Billard wie noch nie

D' CENTRE

Alte unverputzte Gemäuer aus der Ritterzeit drinnen, Tische und Stühle auf einer sehr engen Gasse draußen, das alles ganz zentral. Große Portionen, gute Preise und ein meist fröhlicher Service. *Tgl. | Triq Il-Lbic/Triq il-Mina il-Kbira 2 | Tel. 27 01 74 70 | €–€€*

TAL-PETUT

Wirt Don bereitet ein täglich wechselndes maltesisches Menü zu. An Wochenenden besser telefonisch anmelden! *Di–Sa abends | Triq Pacifiku Scicluna 20 | Tel. 99 51 58 83 | €€*

DON BERTO

Eines von sechs Lokalen an der Vittoriosa Waterfront mit Blick auf die Yachten der Reichen und Schönen. Besonders lecker aus der Slow-Food-Ecke: das vier Stunden geschmorte *Lamm-Tagliata* für zwei und der 24 Stunden gegarte Schweinenacken. Empfehlenswert sind auch die Vorspeisenteller *(platters)*. Es gibt sowohl eine italienische, eine maltesische sowie eine reine Fischvariante. *Marina | Tel. 21 80 80 08 | €€€*

RUND UM VITTORIOSA

SENGLEA/ISLA

2 km/gut 25 Min. zu Fuß bzw. 5 Min. mit dem Auto von Vittoriosa

Du suchst ein Küstenstädtchen fast ohne Touristen? Dann fahr mit der Buslinie 2 bis zur Endstation in Senglea (3500 Ew.), das auf Maltesisch La Isla heißt. Hier wohnen noch immer viele Werft- und Hafenarbeiter, die Schickeria hat das Städtchen noch nicht entdeckt. Fremde steigen höchstens an der äußersten Spitze der stadttragenden Halbinsel aus dem Ausflugsbus, um Fotos an der *Vedette (frei zugänglich)* zu schießen: Der kleine Wachtposten hoch über dem Grand Harbour ist ein wunderbarer Aussichtspunkt. Die Halbreliefs zweier Augen und zweier Ohren sollen die Wachsamkeit der Verteidiger Maltas symbolisieren.

Von hier aus kann man gut um das innere Ende des Dockyard Creek nach Vittoriosa laufen und dabei an den Tischen des Kiosks *Alice Springs (tgl. | €)* eine Pause einlegen: Hier schlemmen die Einheimischen Hot Dogs und trinken Kaffee für einen Euro. *M8*

SCHÖNER SCHLAFEN IN UND UM VALLETTA

PARTYTIME

Im *Valentina (94 Zi. | Dobbie Street | Paceville | Tel. 21 38 22 32 | hotelvalentina.com | € | M7)* wohnt, wer die Party nie verlassen will, mitten in Paceville. Das kann sehr praktisch sein. Fünf Etagen, jedes der 94 Zimmer mit iPod-Dockingstation. Am ruhigsten sind die Zimmer zum Innenhof.

FÜR STADTROMANTIKER

Das *Valletta Nobile (3 Zi. | max. 2 Pers. ohne Kinder | Triq San Nikola | Valletta | Tel. 79 48 80 47 | vallettanobile.com | €€ | D5)* ist ein Haus aus Ritterzeiten, voller Antiquitäten, aber technisch up to date. Mit hölzernen Dachbalken und Erker, Mikrowelle, DVDs und iPod.

MALTAS SÜDOSTEN

SO RICHTIG FOTOGEN

In den Dörfern und Städtchen dieser Region sind die Malteser fast unter sich. Nur das tatsächlich noch waschechte Fischerdorf Marsaxlokk, die Steinzeittempel von Hagar Qim/Mnajdra und die Blaue Grotte ziehen tagsüber Besucher in Scharen an. Hotels aber gibt es kaum – und auch fast keine Strände.

Dafür sieht man hier, wovon Malta lebt: Der Südosten ist das größte Gewerbegebiet der Insel. Maltas Elektrizitätswerk und der betriebsame Containerhafen sind hier angesiedelt. Das IT-Business ist in der

Farbenfroh und mit Liebe gepflegt: traditionelle Fischerboote in Marsaxlokk

neuen Smart City zu Hause, gleich daneben geben sich in den Filmstudios Stars aus aller Welt die Hand. Für wilde Natur bleibt nur an der Südküste Platz: am schönsten zu erleben an den Tempeln Mnajdra und Hagar Qim, bei einer kurzen Wanderung von dort nach Wied iz-Zurrieq und einer Bootsfahrt entlang der Steilküste ins verzaubernde Lichterspiel der Blauen Grotte. Fazit: Der Südosten lohnt durchaus einen Tagesausflug – und für Individualisten auch ein paar Urlaubstage in den wenigen kleinen Hotelpensionen von Marsaxlokk.

MALTAS SÜDOSTEN

MARCO POLO HIGHLIGHTS

★ **BLUE GROTTO**
Eine bewegte Bootsfahrt entlang der Steilküste mit faszinierendem Lichteinfall in Meeresgrotten ➤ S. 78

★ **HAGAR QIM/MNAJDRA**
Zwei jungsteinzeitliche Tempel in herrlich einsamer Lage nahe dem Meer ➤ S. 76

★ **MARSAXLOKK**
Die farbenfrohen Boote im Hafen des Fischerstädtchens sind Maltas Top-Fotomotiv ➤ S. 74

Valletta
MEDITERRANEAN
SEA
6 Fort Rinella
Il-Kalkara
Il-Birgu
L-Isla
Ix-Xgħajra
Bormla
Ħaż-Żabbar
Il-Fgura
Ħal Tarxien
9
Wied Il-Għajn
5 Marsaskala
Iż-Żejtun
St Thomas Bay
Ħal Għaxaq
7 km, 14 Min.
Marsaxlokk★
S. 74
Ghar Dalam 1
Il-Qajjenza
St Peter's Pool
26 km, 50 Min.
Birzebbuga 2
Pretty Bay
1
1 km
0.62 mi

MARSAXLOKK

(🕮 N10) **Diese Idylle ist auf Malta nur in ★ Marsaxlokk zu finden: kleine bunte Fischerboote auf dem Wasser und an den Kais, dazwischen Fischerfamilien, die die Netze flicken. Eine lange Reihe von Fischrestaurants am Ufer. Niedrige Häuser, von der Kuppel und den Türmen der Dorfkirche überragt.**

An jedem Sonntagmorgen: Wochenmarkt im Fischerstädtchen Marsaxlokk

Marsaxlokk (2900 Ew.) ist das einzige noch echte Fischerstädtchen des Lands. Über 130 Fischerboote sind hier registriert. Sie bleiben anders als in den meisten anderen Küstenorten auch im Winter im Wasser. Vom Fisch lebt ein Großteil der 5400 Bewohner. Die einen holen ihn aus dem Meer, die anderen verkaufen ihn weiter oder servieren ihn hungrigen Gästen. Kein Wunder also, dass die meisten touristischen Werbefotos für Malta in Marsaxlokk aufgenommen wurden. Kein Zweitwohnungsbau lädiert die Idylle, keine laute Musik stört die Nachtruhe. Fischtavernen und andere gute Restaurants säumen die Uferstraße, locken abends und an Wochenenden vor allem viele Malteser an. Und täglich ist Markt auf der Uferpromenade. Die meisten Stände zählt man am Sonntagmorgen.

SIGHTSEEING

FISCHERBOOTE

Zwei Drittel der maltesischen Fischereiflotte sind in Marsaxlokk stationiert.

Die Boote tragen am Bug auf beiden Seiten fast alle ein aufgesetztes Auge. Es soll Glück bringen, Böses abwehren und Wachsamkeit signalisieren. Um sie unter den Schutz des Himmels zu stellen, haben fast alle Boote fromme Namen: Mother Teresa ist auch darunter. Sie besitzen meist Mast und Segel, wurden jedoch traditionell eher gerudert. Statt Muskelkraft nutzt man heute Motoren. Einige wenige Fischer unternehmen mit ihren Booten auch kurze Rundfahrten in der Bucht, wenn sie Zeit und Lust haben. Im Westen der Uferpromenade nach Anbietern Ausschau halten!

ESSEN & TRINKEN

THREE SISTERS

Hier sitzt man direkt am Wasser. Die Beilagen zu Fisch und Fleisch sind frei wählbar: Salat oder Gemüse, Pommes oder Roast Potatoes. Guter Rat: den gefüllten frischen Kalamar probieren! *Tgl. | Triq Il-Wilga (Uferstraße) | Tel. 27 65 65 01 | €*

T' ANNA MARI

Der 1985 im sizilianischen Ragusa geborene Salvatore Piccione hat sein Restaurant nach seiner Frau Maria und seiner Tochter Anna benannt. Seine Leidenschaft gilt der Bioküche, für die die Zutaten vielfach direkt aus Sizilien oder aus dem unmittelbaren Umkreis stammen. Fisch und Meeresfrüchte in äußerst kreativen Kombinationen stehen auf der Karte im Vordergrund. Einen guten Eindruck vom ganzen Geschmacksspektrum bieten die *Antipasti Degustazione* (ca. 35 Euro). *Mi–Mo | Xatt is-Sajjieda 28 | Tel. 27 44 62 11 | €€–€€€*

TA' VICTOR

Das maltesische Restaurant mit vielen Tischen und Stühlen auf dem Platz zwischen Dorfkirche und Hafen ist für seine üppigen Portionen bekannt. Wirt Victor bereitet täglich ein fünfgängiges Menü frisch vor, das einem Streifzug durch die maltesische Küche gleicht. Auch Vegetarier und Veganer werden hier gut satt. *Mo und So abends geschl. | Misrah Madonna ta' Pompei 36 | Tel. 99 47 42 99 | €€*

STRÄNDE

HARBOUR BEACH

Macht zwar kaum einer, ist aber möglich: ein Bad fast direkt im Fischerhafen. Wer darauf angesichts von Fischerbooten, Containerkränen und Tankern lieber verzichtet, sonnt sich hier zumindest sehr maritim auf dem eigenen Handtuch. Der 200 m lange Grobsandstrand liegt auf der östlichen Hafenseite gleich hinter den letzten Häusern des Orts.

DELIMARA-HALBINSEL

Vorne pfui, hinten hui. Vorn an der Bucht von Marsaxlokk verunziert das E-Werk die eigentlich schöne Landschaft. Doch auf der anderen Seite der Halbinsel verstecken sich die drei kleinen Felsbuchten, allen voran der beliebte *St Peter's Pool* sowie *Long Bay* und *Slugs Pool*. Über Feldwege kommst du in 20–30 Minuten dorthin. Badeschuhe mitzunehmen kann nicht schaden.

RUND UM MARSAXLOKK

1 GHAR DALAM

3 km/ca. 10 Min. mit dem Auto, 15 Min. mit dem Bus von Marsaxlokk

Hört sich gruselig an: *Ar Dalam* (so die Aussprache) bedeutet „Höhle der Finsternis". Völlig dunkel ist es da drin aber längst nicht mehr. Das vordere Drittel der 145 m langen Höhle ist beleuchtet und bequem zu begehen. In der Höhle fand man zahlreiche Knochen von ausgestorbenen Tieren, die auf Malta zum Teil noch bis vor 10 000 Jahren lebten. Dazu gehören Zwergelefanten, deren kleinste Vertreter nicht größer als Bernhardiner waren, Flusspferde, Rotwild, Wölfe, Füchse, Bären, Kröten und Schlafmäuse.

Es ist anzunehmen, dass während der Eiszeiten eine Landbrücke zwischen Malta und dem heutigen Italien bestand, über die die Tiere auf der Flucht vor dem Eis gen Süden zogen. In höheren Schichten fanden die Forscher eine Anzahl sehr alter Keramikscherben, die für eine Erstbesiedlung der Inseln aus der Zeit um 5200 v. Chr. sprechen.

Im Höhlenboden kann man heute noch zahlreiche Tierknochen erkennen. Im kleinen *Museumsraum* im Kassenhaus sind einige der Funde aus Ghar Dalam ausgestellt; die intakten Skelette jüngeren Datums dienen dabei zu Vergleichszwecken. *Di, Do–So 9–17 Uhr | Eintritt 6,50 Euro | rechts der Straße von Valletta Richtung Birzebbuga | 30 Min. | N10*

2 BIRZEBBUGA

7 km/ca. 15 Min. mit dem Auto, 20 Min. mit dem Bus von Marsaxlokk

So wie an der *Pretty Bay* in Birzebugga (7600 Ew.) hast du vielleicht noch nie gebadet. *Pretty*, also hübsch, ist hier allerdings die Aussicht keineswegs. Wer vom kurzen, aber sehr breiten Sandstrand aus ins Wasser geht, schwimmt direkt auf Maltas Containerhafen Kalafrana zu. Dafür gibt es eine Uferpromenade, von der man rund um die Uhr die maritime Betriebsamkeit verfolgen kann. Immerhin werden hier pro Jahr etwa 1,5 Mio. Container umgeschlagen. 2200 Containerfrachter legen jährlich an, das sind etwa sechs jeden Tag. Mit der App „Marine Traffic" erfährt man, woher die Riesenpötte kommen und wohin ihre nächste Reise geht.

INSIDER-TIPP Schiff ahoi!

Wer mit kleinen Kindern unterwegs ist, kann von hier aus einen Abstecher zum *Playmobil Fun Park (tgl. 10–18, Fr/Sa bis 22 Uhr | Eintritt 1,20 Euro, Kinder 2,40 Euro | Hal Far | playmobilmalta.com)*, der Produktionsstätte von Playmobil, machen. Nach Anmeldung gibt's sogar Führungen *(8,50 Euro)* für kleine und große Spieler. Die Anlage sind schon etwas älter, doch der Außenspielplatz ist schön. *N10–11*

3 HAGAR QIM/MNAJDRA ★

15 km/ca. 25 Min. mit dem Auto, gut 1 Std. mit dem Bus von Marsaxlokk

Ein absolutes Muss selbst für Kulturbanausen! Die beiden Tempelkomplexe, beide um die 3500 Jahre alt, liegen traumhaft schön weitab aller Dörfer. Ausgesprochen werden ihre Namen *Agar Imm* und *M-Naidra*. Ringsum sind nur Äcker und Wiesen zu sehen, das nahe Meer gehört zum Bühnenbild. Das wurde kürzlich auch durch futuristisch anmutende Schutzdächer bereichert, die an sich schon ein Foto wert sind.

Wer Tempelanlagen nicht nur bestaunen, sondern auch verstehen will, hat dazu hier die beste Gelegenheit. *Hagar Qim* besitzt nahezu alle Merkmale eines maltesischen Tempel der Jungsteinzeit. Es sind gewaltige technische Leistung. die die Tempelbauer vor rund 5000 Jahren, die ja weder Metallwerkzeuge noch Seilzüge kannten, erbrachten. Erstaunlich ist aber auch ihr feines ästhetisches Empfinden. Schon beim ersten Blick auf die Tempelanlage fällt ein einzelner, mit 5,20 m ungewöhnlich hoher Steinklotz auf. War er ein Phallussymbol für die Fruchtbarkeit? Neben ihm liegt der größte Stein, der je für einen Tempel auf Malta verwendet wurde. Er ist über 4 m hoch, 7 m lang, 60 cm dick und mehr als 20 Tonnen schwer.

Die Fassade des Haupttempels von Hagar Qim beeindruckt durch Größe, Gleichmaß und Schönheit. Hinter dem Eingang liegt die erste Tempelniere mit sorgfältig geformten Fenstersteinen, die den Zugang zu den beiden Seitenkammern bildeten. Zu erkennen sind auch einige Blockaltäre, über und über mit einem Dekor aus eingebohrten Punkten verziert.

Hier steht eine Kopie des berühmten Altars von Hagar Qim, dessen Original im Nationalmuseum von Valletta aufbewahrt wird: Auf allen vier Seiten stellen Reliefs eine Pflanze dar, die aus einem Gefäß herauswächst. Ein

Schönheitsideal der Jungsteinzeit? Skulptur im Visitor Center von Hagar Qim

Stück weiter sieht man zwei Altäre, deren Form an einen Pilz erinnert. Ganz markant sind auch die sogenannten Trilithnischen, die aus zwei senkrecht stehenden und einer waagerecht darüberliegenden Steinplatte bestehen. Wahrscheinlich wurden in den Tempeln Orakel verkündet. So jedenfalls deuten Wissenschaftler das Oval aus niedrigen Steinplatten in der Nordostecke des Tempelkomplexes. In einer dieser Platten entdeckt man 40 cm über dem Boden ein Loch, das die Verbindung zu einem winzigen, dahinterliegenden Raum darstellte. Dort saß vermutlich eine Priesterin, die zu den im Oval Versammelten sprach.

Von Hagar Qim sind es nur etwa 500 m in Richtung Meer bis zur Tempelanlage *Mnajdra*. Maltas dem Meer am nächsten gelegener Tempelkomplex ist überraschend klar gegliedert. Und besonders interessant: In seinem nierenförmigen Hauptraum lässt sich noch gut die Dachform des Tempels erkennen. Das hier bis zu einer Höhe von 4,30 m erhaltene Mauerwerk aus waagerecht liegenden Großsteinen kragt Schicht für Schicht über wie ein umgestülpter Bienenkorb. Dennoch entstand dadurch keine Kuppel, denn der oberste Teil des Tempels war vermutlich mit Holzbalken und Lehm eingedeckt. *April–Sept. tgl. 8–18, Okt.–März tgl. 9–17 Uhr | Kombiticket 10 Euro* | ⏲ *1–1 ½ Std.* | *K10–11*

4 BLUE GROTTO ★

12 km/ca. 20 Min. mit dem Auto, 1 Std. mit dem Bus von Marsaxlokk

Kein Urlaub am Mittelmeer ohne Blaue Grotte. Auch Malta hat eine und

Ein Naturschauspiel, das sich nur wenige entgehen lassen: Blue Grotto

ernährt etliche Familien ganz gut. Sie betreiben Cafés und Snackbars in *Wied iz-Zurrieq*, von wo aus die Boote zur Grotte starten – bei ruhiger See oft im Zehn-Minuten-Takt. Gemächlich gleiten die Außenborder an der Steilküste vorbei und in mehrere Grotten hinein. Die größte der Grotten ist mit 30 m Höhe und 90 m Umfang die Blue Grotto, in der die Lichteffekte während des Vormittags besonders stark wirken. Die Touren können bei schlechtem Wetter ausfallen, besser unter *Tel. 21 68 04 04* vorab informieren. *Dauer der Bootsfahrt 20–25 Min. | Preis ca. 10 Euro* | *L1*

5 MARSASKALA

8 km/gut 10 Min. mit dem Auto, 30 Min. mit dem Bus von Marsaxlokk

Ein Küstenstädtchen wie ein Luftballon: Im August und an Wochenenden prall gefüllt mit Leben, ansonsten sehr ruhig. Warum? Hier haben viele Einheimische eine Zweitwohnung, Hotels gibt es kaum. Einzige Attraktion ist die *St Thomas Bay* am südwestlichen Ortsrand. Da vergnügen sich meist viele Familien auf 70 m Sand und flach ins Meer ragenden Beton- und Felsterrassen. Unmittelbar südlich des Strands machen etliche Malteser in sehr einfachen Häusern, Hütten und ausrangierten Wohnwagen Urlaub – in ihrem eigenen, inoffiziellen Feriendorf. *O9*

6 FORT RINELLA

10km/ca. 20 Min. mit dem Auto, 40 Min. mit dem Bus von Marsaxlokk

Hast du um 14 Uhr noch nichts vor? Und liebst du britische Spleens? Dann nichts wie hin zum Fort *(Mo–Sa 10–16.30 Uhr | Führung 14 Euro | fortrinella.com)* aus dem 19. Jh. Ein Unteroffizier in historischer Uniform wird erklären, wie schlecht man als britischer Soldat hier samt Familie hauste. Er lässt historische Kanonen abfeuern oder die Kavallerie antreten. Wenn man will, kann man sogar selbst (gegen 5 Euro Aufpreis) einen Schuss aus einer Muskete abgeben.

Mit etwas Glück gibt's nur einige hundert Meter weiter südlich von der Straße aus über den Zaun hinweg ein noch viel größeres Schauspiel zu sehen: Wenn auf dem Riesenpool der *Mediterranean Film Studios* gerade Szenen für einen Blockbuster oder einen der vielen Werbefilme gedreht werden. Von da aus sind auch die Hochhäuser von *Smart City* sichtbar, Maltas moderner IT-Park. Hinzugehen lohnt aber bestenfalls zu Veranstaltungen. Der bisherige Anziehungspunkt, ein großer Teich mit beleuchteten Wasserspielen, soll zu einem öffentlichen Park umgebaut werden.

Weitaus empfehlenswerter für große und kleine Forscher ist im benachbarten Kalkara ein Besuch des *Esplora Science Center* (*Di–Do 9.30–16, Fr/Sa 10.30–17, So 11.30– 18 Uhr | Eintritt je nach Umfang des Besuchs 6–15 Euro, Kinder (4–11 Jahre) 3–10 Euro | Villa Bighi | esplora.org.mt*), ein Mitmach-Wissenschaftsmuseum mit spannenden, gut erklärten Exponaten (auf Englisch). Besonders anschaulich: der Blick ins Innere des Körpers. Schön ist vom Garten auch die Aussicht über die Bucht auf die Stadtmauern von Valletta. *N8*

ZENTRAL-MALTA

VIEL SEHEN UND ERLEBEN

Malta ohne Küstenorte – auch das ist mal schön! Nur drei Hotels, das größte mit gerade einmal 17 Zimmern. Die mittelalterliche Stadt Mdina, wie ein Menschennest auf einem Felsplateau über Weinbergen erbaut. Darin Pferdekutschen statt Autos, alte Palazzi statt Supermärkte und auf den Mauern aussichtsreiche Cafés. Die urige Landstadt Rabat auf zwei Niveaus: einem über- und einem unterirdischen, einen für heute, das andere für die Ewigkeit.

Hier waren echte Baumeister am Werk: Fassadenkunst in Mdina

Dazu viel Landschaft mit Feldern und kleinen Äckern, Meerblick und klarem Sternenhimmel. Und unglaublich viele Steinmauern, ein Steinbruch fürs Vergnügen. Zudem 200 m hohe Klippen, die steil ins Meer abfallen. Da mag man gern einen ganzen Tag wandernd und in der Sonne sitzend in der Natur verbringen, vielleicht will man sogar überhaupt nicht mehr weg. Allerdings sind da im Sommer auch noch die beiden Open-Air-Clubs, in denen die jüngeren Malteser fast unter sich sind.

ZENTRALMALTA

MARCO POLO HIGHLIGHTS

★ **MDINA**
Maltas stille Stadt – der Verkehr bleibt draußen ➤ S. 84

★ **DINGLI CLIFFS**
Natur pur und frische Seeluft an hohen Steilklippen ➤ S. 94

★ **CATACOMBS**
Maltas Unterwelt: die Geheimnisse der Katakomben ➤ S. 87

★ **BUSKETT GARDENS**
Maltas schönstes Wäldchen mit Pinien und Palmen ➤ S. 92

★ **FONTANELLA TEA GARDEN**
Schlemmerparadies für Kuchenfans mitten auf der Stadtmauer ➤ S. 89

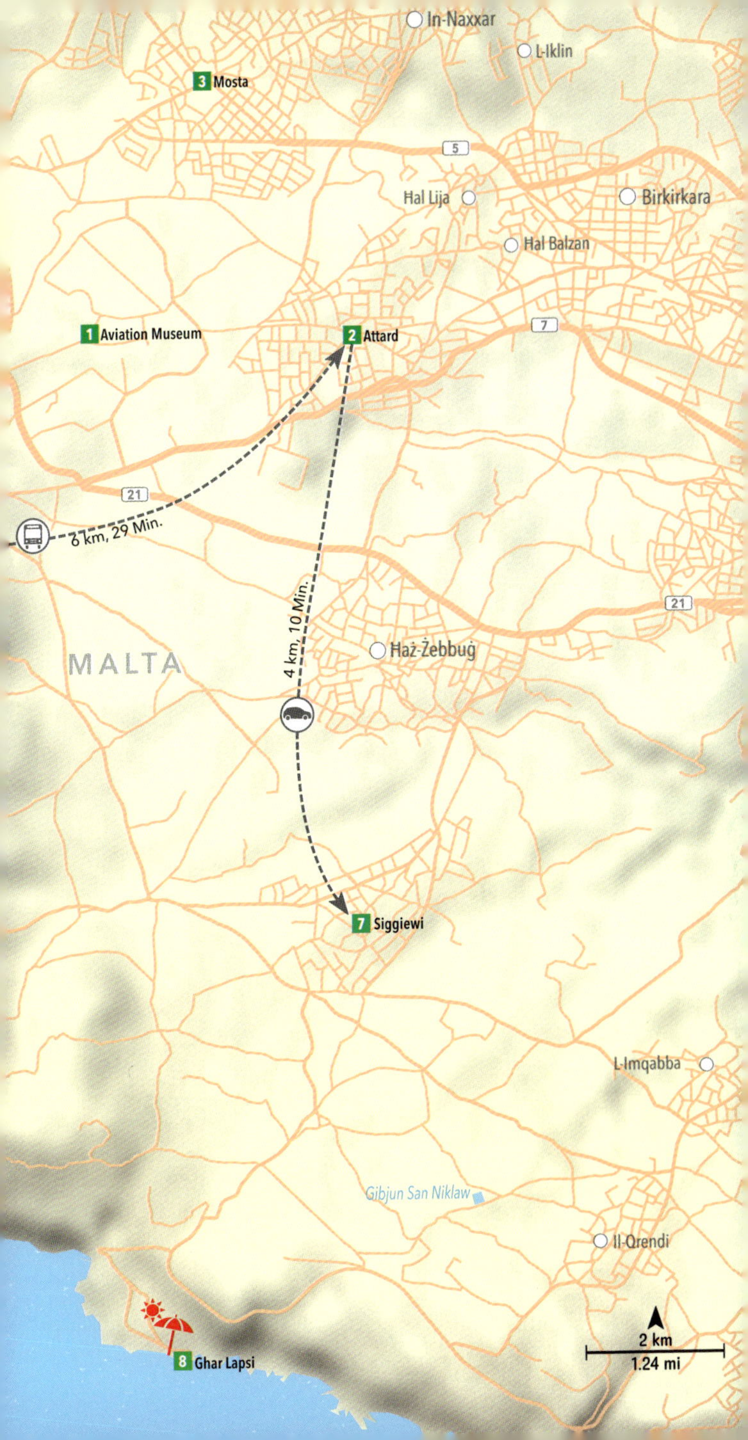

In-Naxxar
L-Iklin
3 Mosta
5
Hal Lija
Birkirkara
Hal Balzan
7
1 Aviation Museum
2 Attard
21
6 km, 29 Min.
4 km, 10 Min.
21
Haż-Żebbuġ
MALTA
7 Siggiewi
L-Imqabba
Gibjun San Niklaw
Il-Qrendi
2 km
1.24 mi
8 Ghar Lapsi

MDINA & RABAT

(🕮 J8–9) Stadt einmal anders. Zuerst ein Bummel durch das nahezu autofreie ★ Mdina (370 Ew.), zu Ritterszeiten Hauptwohnort des maltesischen Adels. Bildschöne Details fallen da ins Auge: mächtige Messingtürklopfer, verspielte Portale, hölzerne Erker. Danach geht es durchs Arbeiter- und Bauernstädtchen Rabat (11 500 Ew.). Alltag beherrscht hier die Szene.

Touristen sind in beiden Orten nur Tagesgäste. Nachts gehört Mdina der Stille und Rabat den Einheimischen – die allerdings früh schlafen gehen. Beide Orte stehen auf dem tafelbergförmigen Ausläufer des Dingli-Plateaus und waren schon in der Antike besiedelt. Die Mauern der römischen Stadt *Melite* umschlossen das heutige Mdina und die Hälfte von Rabat. Als die Araber Malta 870 eroberten, lagen diese Mauern in Trümmern. Erneuert wurden sie sowohl von den Moslems wie auch im 12. Jh. von den Normannen. Während der Großen Belagerung 1565 ließen die Türken die Stadt nahezu unbehelligt. So konnten deren Bewohner die Ritter mit Nachschub versorgen und Nachrichten des Ordens nach Sizilien übermitteln.

Schmale Gassen, hübsche Fassaden – Mdinas Altstadt ist bilderbuchreif

Mit dem Bau Vallettas verlor Mdina an Bedeutung. Immer mehr Bewohner wanderten in die neue Inselhauptstadt ab. Nur der maltesische Adel behielt hier seine Paläste, mied bewusst die Metropole des Johanniterordens. Heute beeindrucken hier weniger die Einzelbauten als vielmehr das Gesamtensemble der historischen Paläste und Mauern, Gassen, Winkel und Plätze.

SIGHTSEEING IN MDINA

STADTRUNDGANG

Erst die Pflicht, dann die Kür. Zunächst ein Blick auf jene Attraktionen, die alle Welt für sehenswert hält, und dann noch einen draufsetzen und durch den unbedeutenderen und unbekannteren Teil der ummauerten Stadt schlendern! Los geht's bei den Pferdekutschen *(35 Euro für 30 Min., jede weitere Viertelstunde 15 Euro),* die am Übergang zwischen Rabat und Mdina auf die Touristen warten. Das ist was für den späten Nachmittag oder Abend.

Dann geh über die von zwei steinernen Löwen flankierte Brücke. Jeder macht da ein Selfie mit dem 1724 erbauten, barocken *Haupttor*, durch das vielleicht gerade eine Droschke fährt. Gleich hinter dem Tor kann man sich im Signalturm einen kostenlosen Stadtplan holen: Die *Tourist-Information (tgl. ab 9 Uhr, Mo–Fr bis 18.30, Sa bis 17.30, So bis 13 Uhr)* ist in dem 1750 erbauten *Torre dello Stendardo* untergebracht, auf dem beim Nahen von Feinden ein Signalfeuer für Valletta hätte entzündet werden können. Übrigens: In Mdina besteht die Wahl zwischen mehreren Multivisionsschauen, aber so richtig lohnt keine von ihnen den hohen Eintrittspreis.

Wenige Schritte hinter der Tourist-Information beginnt die Hauptstraße von Mdina, der 230 m langen, von Kirchen und Palästen gesäumten *Villegaignon Street*. Besonders auffällig ist linker Hand die *Casa Inguanez* zwischen Inguanez und Mesquita Street, Wohnsitz der ältesten maltesischen Adelsfamilie. Die spanischen Könige besitzen hier noch heute uneingeschränktes Wohnrecht, haben es aber seit 1927 nicht mehr in Anspruch genommen. Am Hauptplatz der Stadt, Misrah San Pawl, bekommt man die Kathedrale ganz aufs Bild, die man dann später noch besichtigen kann.

Erst einmal geht's aber weiter am *Karmeliterkloster* und alten Palästen vorbei zum Misrah is-Sur – und hinauf auf die Stadtmauer. Welch ein Rundblick! Drei Lokale liegen hier dicht beieinander auf der Stadtmauer: Warum nicht drei Pausen? Beim *Palazzo de Piro* geht es dann zurück und hinein in die um 1700 gebaute Kathedrale *St Peter and Paul (Mo–Fr 9.30–17, Sa 9.30–15, So 15–16.45 Uhr | Eintritt 10 Euro inkl. Kathedralmuseum, Museum nur Mo–Sa).* Sogleich fallen die vielen in den Boden eingelassenen Grabplatten mit farbigen Einlegearbeiten auf. Adlige und Kleriker sind hier beigesetzt. Das Deckengewölbe wurde mit Szenen aus dem Leben der Apostel Petrus und Paulus ausgeschmückt, der Hauptaltar ist eine prunkvolle Arbeit aus Marmor und Lapislazuli.

Wieder zurück zur Hauptstraße Triq Villegaignon und dann die schmale

Triq San Pietru hinunter: Schluss mit Souvenirgeschäften, hier leben Menschen. Unspektakulär, aber ruhig in jahrhundertealten Gemäuern. Wie wäre es nun am kleinen Platz Il-Mina tal-Griegi mit einer Pause unter dem irrsten Ficusbaum Maltas? Das Getränk gibt's preiswert am Kiosk gegenüber. Durchs *Greek's Gate*, Mdinas zweites Stadttor, kommt man danach schnell nach Rabat und zum *Domus Romana*.

INSIDER-TIPP
Kapriolen der Natur

MUSEUM OF NATURAL HISTORY

Auch Maltas Schüler sollen wissen, wie das menschliche Skelett und die verschiedener Tiere aussehen. Im Naturgeschichtlichen Museum werden sie ihnen gezeigt. Und dazu Hunderte präparierter Vögel, wie sie die Inselbewohner früher so gern schossen. *Do–Di 9–17 Uhr | Eintritt 5 Euro | St Publius Square |* ⏲ *15–20 Min.*

PALAZZO FALSON

In dem zweigeschossigen, im Kern aufs 13. Jh. zurückgehenden Palast sind die über 3500 Kunstobjekte, Waffen und Antiquitäten seines letzten Besitzers, Captain Olof Frederick Gollcher, öffentlich ausgestellt. *Di–So 10–17 Uhr | Eintritt 10 Euro inkl. Audioguide | Villegaignon Street | palazzofalson.com |* ⏲ *20–30 Min.*

PALAZZO DI PIRO

Der mehrfach umgebaute und kürzlich total restaurierte Palast aus dem 17. Jh. dient heute für Wechselausstellungen und Konzerte. Er birgt auch die Café-Bar *Xpresso (tgl. | €€)*, die von ihren Plätzen auf der Stadtmauer aus einen prächtigen Rundblick über große Teile Maltas bietet. *Tgl. | Triq Is-Sur 3 | Tel. 20 10 05 60 | palazzodepiro.com*

SIGHTSEEING IN RABAT

DOMUS ROMANA

Die einstigen Bewohner der römischen Stadtvilla sind schon seit fast 2000 Jahren tot. Dass man auch damals schon bei genügend Knete stattlich wohnen konnte, belegen selbst die spärlichen, 1881 freigelegten Ruinen. Der Grundriss zeugt von der Größe des Anwesens, wahrhaft prächtig ist der Teppichersatz jener Zeit: ein großflächiges Mosaik. In dessen Zentrum trinken zwei Tauben aus einer goldenen Schüssel. In einer Vitrine wird gezeigt, wie genial die Mosaikkünstler jener Zeit optische Täuschungen erzeugen konnten: Da bilden drei Rhomben ein zweidimensionales Sechseck, das dem Auge als dreidimensionaler Würfel erscheint. *Tgl. 9–17 Uhr | Eintritt 6 Euro | Museum Esplanade | ⏲ 20–30 Min.*

CASA BERNARD

Neugierige sind im eleganten Stadtpalast aus dem späten 16. Jh. gern gesehen. Die heutigen Inhaber Georges und Josette Magri brauchen neugierige Besucher, um selbst im Haus wohnen bleiben zu können. Oft führen sie persönlich durch die Räume, erzählen engagiert interessante Geschichten zu den Möbeln, Kunstobjekten und Gemälden. *Mo–Sa 10–16 Uhr | Eintritt 8 Euro | 46 St Paul Street | Rabat | casabernardmalta.com | ⏲ 40–50 Min.*

CATACOMBS ★

Du bist dann mal weg. Abgetaucht, im Untergrund. Unter weiten Teilen Rabats liegt nämlich eine weitere Stadt, ein Totenreich: die Katakomben. Heiden, Juden und Christen gruben sie vor allem im 4. und 5. Jh. in den Fels, setzten darin ihre Verstorbenen in vielerlei Arten von Felsgräbern bei. Und nicht nur das: Die frühen Christen kamen regelmäßig hierher, um an speziellen Steintischen Liebesmähler für ihre Toten abzuhalten. Atmosphäre und Geruch dürften dabei äußerst schaurig gewesen sein.

Die Katakomben haben heute verschiedene Verwalter, sind nicht durchgängig begehbar. Drei von ihnen soll

Marienmedaillon am Palazzo di Piro, der heute für Events genutzt wird

te man erleben: Die *St Paul's Catacombs (Mi–Mo 9–17 Uhr | Eintritt 6 Euro | St Agatha Street | ⏲ 30–40 Min.)* sind Maltas größte Katakomben. 900 Gräber sind in ihnen erhalten. All ihre Gänge sind zusammen 900 m lang.

Zunächst kommt eine Halle, an deren beiden Enden je ein *Agape-Tisch* aus dem Fels gehauen ist. Diese Halle ist auf drei Seiten von Gängen und Kammern mit verschiedenen Grabtypen umgeben. Am häufigsten sind die einfachen *Loculi-Gräber*. Sie bestehen aus einer rechteckigen oder gewölbten Wandnische, manchmal aber auch aus einem einfachen Schacht im Boden und konnten mit einem Stein verschlossen werden. Sie dienten wohl meist als Kindergräber. Aufwendigere Grabtypen waren Wohlhabenden vorbehalten. Für *Baldachingräber* etwa wurde ein Felsblock so ausgehöhlt, dass seine Decke wie ein gewölbter Baldachin wirkte. Meist fanden darunter zwei Tote Platz – Ehepaare vielleicht.

Die *St Agatha's Catacombs (Besichtigung mit Englisch sprechendem Führer Mo–Fr 9–17, Sa 9–14 Uhr | Eintritt 5 Euro | St Agatha Street | stagathamalta.com | ⏲ 30 Min.)* sind weitaus enger als die Paulus-Katakomben. Wer unter Klaustrophobie leidet, geht besser nicht hinein. Für Kunstliebhaber hingegen sind sie wegen ihrer spätrömischen und mittelalterlichen Wandmalereien ein Muss. Spätrömische Fresken aus dem 3.–5. Jh. zeigen Pelikane als Symbol Christi sowie Pfauen als Verkörperung des ewigen Lebens, die Gottesmutter und den Apostel Paulus. 13 Mal ist die heilige Agatha dargestellt.

INSIDER-TIPP
Reichlich skurril

Was die meisten Besucher vor Rätsel stellt: Meist hält sie eine Schale mit zwei Brüsten in der Hand. Was das soll? Es sind ihre eigenen! Sie waren ihr von ihren Peinigern im Rahmen ihres Martyriums abgetrennt worden.

Im Zweiten Weltkrieg wurden Katakomben auch genutzt, um nicht zu sterben: Man baute sie als Luftschutzbunker aus. Bestens zu sehen ist das in den *Wignacourt Catacombs (tgl. 9.30–17 Uhr | Eintritt 6 Euro | Zugang durch das Wignacourt Museum am Paris Square | wignacourtmuseum.com | ⏲ 30–40 Min.)*. Die wiederum sind auch mit der Paulus-Grotte verbunden, in der der Apostel während seines Malta-Aufenthalts im Jahr 50 eine Zeit lang gelebt haben soll. Jeder Papst, der nach Malta kommt, besucht sie: Auch der deutsche Papst Benedikt war 2010 dort.

ESSEN & TRINKEN

COOGI'S

INSIDER-TIPP
Touritrubel Fehlanzeige

Nur ein paar Schritte abseits des üblichen Rundgangs ist das Coogi's ein gut verstecktes Juwel. Fünf Tische auf der Stadtmauer, zwei kleine Innenhöfe, mittelalterliches Gewölbe – alles wirkt liebevoll gestaltet und intim in diesem luftigen Restaurant abseits allen Trubels. An Vegetarier und Veganer wird gedacht, sogar glutenfreies Bier ausgeschenkt. Piemont und Malta sind auf der

Zeitreise: hinab in die Unterwelt zu den Katakomben von Rabat

Zunge zu spüren, der Karotten-und-Poree-Flan in Anchovis-Knoblauch-Soße *(sformatino)* mundet ebenso wie die gebratene Kaninchenleber. *Tgl., im Winter nur bis 15 Uhr | 5 St Agatha's Esplanade | Mdina | Tel. 21 45 99 87 | €€*

BACCHUS

Ritterromantik gesucht? In den Gewölben aus dem 17. Jh. kommt sie garantiert auf. Die Malteserritter lagerten hier einst Munition, heute wird feine mediterrane Küche mit Adaptionen aus aller Welt serviert. *Tgl. | 1 Inguanez Street | Mdina | Tel. 21 45 49 81 | bacchus.com.mt | €€€*

DON MESQUITA

Wenig Hunger? Dann ist die kleine Weinbar im Kürteil Mdinas der richtige Ort. Da fühlt man sich fast wie in einem maltesischen Wohnzimmer. Wie wäre es mit einem Glas maltesischen Weins, dazu maltesische Wurstspezialitäten, sonnengetrocknete Tomaten, Oliven, die Bohnenpaste *bigilla*, Ziegenkäse und Brot? Das strapaziert weder Magen noch Portemonnaie. *Mo–Sa nur 10–15 Uhr | Pjazza Mesquita 5A | Tel. 27 02 66 40 | €*

FONTANELLA TEA GARDEN ★

Weniger intim, aber ebenfalls auf der Stadtmauer sitzt man hier mit Blick über halb Malta. Die insgesamt 250 Plätze sind fast immer belegt. Die meisten kommen wegen der köstlichen Kuchen und Torten. Täglich stehen davon mindestens 25 verschiedene zur Auswahl. Gezahlt wird nicht beim Kellner, sondern an der Kasse im

Innenhof. *Tgl.* | *1 Bastion Street* | *Mdina* | *Tel. 21 45 42 64* | €

TA' DONI DELI

Mal ganz was anderes: Nur zwölf Tische stehen für je zwei Gäste direkt an der Gasse. Blumentöpfe mit Rosmarin rundherum, Rosmarin auch auf den Tischen. Drinnen der Tresen wie in einem Deli à la miniature, fast alle Zutaten für Sandwich & Co. stammen aus der Region. Biotees, hausgemachter Wein, ein Craft-Bier von Gozo. Musikfarbe: Jazz. *Mo–Sa 10–18 Uhr* | *Triq San Pawl/Triq Doni* | *Rabat* | *Tel. 27 61 52 70* |

SHOPPEN

TA' QALI

Maltas Kunsthandwerksdorf *(Mo–Fr 9–16, Sa/So 9–12 Uhr* | *frei zugänglich)* entwickelt sich gerade von einem Gewerbegebiet in alten Flugzeughangars und Nissenhütten aus dem Zweiten Weltkrieg in ein schickes, modernes Einkaufszentrum. Interessant sind vor allem die Glasbläsereien *Mdina Glass* und *Valletta Glassblowers*. Auch Silberfiligranarbeiten, Keramik, Besticktes und Geklöppeltes kann man hier gut kaufen.

An das Gelände schließt der *National Park* an, der ebenfalls gerade erweitert und umgestaltet wird. Er bietet in naher Zukunft auch einen Campingplatz und Joggingbahnen. An seinem Rand steht auch das *National Stadium*, in dem die maltesische Fußballnationalmannschaft ihre Spiele fast immer haushoch verliert. Im Stadion finden auch fast alle Treffen der maltesischen Premier League statt, oft sogar mehrere Spiele hintereinander am gleichen Tag. Termine auf *maltafootball.com*.

Silberdrahtarbeiten und mehr gibt's in den ehemaligen Flugzeughangars von Ta' Qali

WELLNESS

ATHENAEUM SPA

Das Besondere an diesem Spa: Die meisten Gäste hier sind Einheimische, oft mit Jahresabos. Die einen schätzen die Nähe des Präsidentenpalasts, die anderen den schönen Garten und alle das breite Angebot. *Tgl. 10–19 Uhr | 90 Min. Massage 170–175 Euro | im Hotel Corinthia Palace | De Paule Avenue | San Anton | Tel. 25 44 30 01 | corirnthia.com*

AUSGEHEN & FEIERN

Tote Hose! In Mdina und Rabat selbst ist abends absolut nichts los. Dafür im Sommer in zwei beliebten Riesenclubs unterhalb von Mdina. Bis zu 10 000 Gäste passen da rein – fast alle sind Malteser.

Das *Uno Malta (unomalta.com)* und das *Gianpula (gianpula.com)* haben zusammen zehn Dancing-Areas. An fast jedem Sommerwochenende stehen Live-Acts auf dem Programm. Besonders angesagt ist die *Roof Top Lounge* im Gianpula – wegen ihres Pools und ihrer weißen *day beds:* Ohne Reservierung kommt man da nicht rauf.

INSIDER-TIPP
Wo halb Malta rockt

RISING SUN BLUES BAR

Ein Rettungsring! Hier trifft sich, wer trotz fehlenden Nightlifes nicht früh ins Bett will. Bis 4 Uhr morgens wird täglich klassischer Rock und Blues aufgelegt, die Bar ist bestens bestückt, und wer kommt, mag zumeist auch gern reden. *Triq San Pawl 71 | Rabat*

RUND UM MDINA & RABAT

1 AVIATION MUSEUM

3 km/ca. 30 Min. zu Fuß von Mdina

Nimm Platz im Cockpit einer BAC 1-11, wie sie nirgends mehr im Liniendienst fliegt. Betrachte eine DC-3 aus der Nähe, wie sie auch während der Berliner Luftbrücke zum Einsatz kam, oder eine Spitfire, die bei der alliierten Invasion Siziliens mitwirkte. Insgesamt sind 23 historische Flugzeuge ausgestellt. Den ersten Flugsimulator der Geschichte aus dem Jahr 1927 haben Nachkommen des Flugzeugbauers Junker dem Museum gestiftet, viele Modellflugzeuge und eine Kapelle zum Gedenken an die im Kampf um Malta gestorbenen RAF-Piloten haben Malteser beigetragen. *Tgl. 9–17, im Sommer So nur bis 13 Uhr | Eintritt 8 Euro | Hut 161 | Crafts Village | maltaaviationmuseum.com | ⏲ 30–40 Min.*

2 ATTARD

3 km/ca. 30 Min. zu Fuß von Mdina

Das nennt man Volksnähe! Im Binnendorf Attard (9500 Ew.) dürfen die Malteser frei im Garten ihres Präsidentenpalasts herumspazieren, den Palasthof überqueren und von den präsidialen Kräuter- und Gemüsegärten in der großen Garten-Cafeteria profitieren. Die darf sich sogar stolz *The President's Kitchen (tgl. 9–19, Juli–Sept. 9–14, 18–22 Uhr | €)* nennen. Im schattigen Park mit seinem Schildkrötenteich, gewaltigen Yuccas, Florettseidenbäumen und vielen Katzen kann man ebenso gut maltesisches Familienleben studieren wie auf dem großen, zur Cafeteria gehörenden Spielplatz. Und wer mag, schaut sich zumindest von außen den prächtigen Präsidentenwohnsitz *San Anton Palace* an, der 1636 für Großmeister Antoine de Paule errichtet wurde. *K8*

3 MOSTA

5 km/ca. 10 Min. mit dem Auto, 30 Min. mit dem Bus von Mdina

Malta ist einfach „wundervoll". Auch in Mosta (17 400 Ew.) ist einst ein Wunder geschehen: 1942 durchschlug eine deutsche Fliegerbombe die gewaltige Kuppel (Durchmesser 54 m, Höhe 60 m) der *Rotonda (Mo–Fr 9–17.30, Sa/So 9–16.30 Uhr | Eintritt 5 Euro | 15–20 Min.)*. Aber sie explodierte nicht und fügte keinem der anwesenden Gläubigen ein Leid zu. Darum wird die Bombe heute als Gottesbeweis in der Sakristei zur Schau gestellt. Erbaut wurde die riesige Rotunde übrigens 1833–60 von den Bewohnern der Gemeinde mit eigenen Händen und auf eigene Kosten.

Etwa 150 m weiter in Richtung St Paul's Bay liegt das Restaurant *Ta' Marija (Di–So, Mo nur abends | Constitution Street | Tel. 21 43 44 44 | tamarija.com | €€)* mit dem größten Angebot maltesischer Spezialitäten inselweit und einem exzellenten Kaffee.

INSIDER-TIPP
Etwas Kitsch darf sein

Für gute Folkloreshows gibt es auf Malta keine bessere Adresse. Unbedingt reservieren und Hoteltransfer mitbuchen (*55 Euro inkl. Menü, Wasser, Wein und Transfer*). *K8*

4 BUSKETT GARDENS & VERDALA PALACE

2 km/ca. 10 Min. mit dem Auto, 30 Min. mit dem Bus von Mdina

Ich glaub', ich steh' im Wald! Das kann man auf Malta nur hier sagen. Die auch *Boschetto* genannten ★ *Buskett Gardens* sind ein sehr schönes Waldgebiet, um 1570 als Jagdrevier für den Großmeister Lascaris angelegt. Wasser fließt hier reichlich, bewässert Rebstöcke, Palmen, Pinien und Aleppokiefern, Maulbeer-, Zitronen- und Orangenbäume. Die Parkanlage lockt im Sommer viele einheimische Aus-

Eine riesige Kuppel! Und dabei wurde die Rotonda allein von Mostas Einwohnern errichtet

flügler zu kurzen Spaziergängen und zu einem ausgiebigen Familienpicknick an, am Wochenende vor dem 29. Juni findet hier ein großes Volksfest statt.

Inseleinwärts thront über dem Waldgebiet der *Verdala Palace* wie eine Burg mit vier Ecktürmen auf einem der höchsten Punkte der Insel. 1586 beauftragte Großmeister Hugues Loubenx de Verdale den vom Orden viel beschäftigten Architekten Gerolamo Cassar mit dem Errichten eines Schlösschens, für dessen Bau das bei der Anlage eines Grabens rund um den Palast ausgehobene Gestein verwendet wurde. Nach dem Abzug des Ordens diente der Palast u. a. als Militärgefängnis und Seidenfabrik. Seit 1987 ist er Sommerresidenz des maltesischen Staatspräsidenten. *Keine Innenbesichtigung | Park frei zugänglich | J9*

5 CLAPHAM JUNCTION

4 km/ca. 10 Min. mit dem Auto, 30 Min. mit dem Bus von Mdina

Rätselfans fühlen sich von den tiefen Bodenrillen auf einer leicht geneigten Felsfläche bei den Buskett Gardens wie magisch angezogen. Bis zu 40 cm tiefe, parallel zueinander verlaufende Rillen im Gestein kreuzen und verzweigen sich wie Schienen auf einem Rangierbahnhof. Die Briten gaben dem Gelände denn auch den Namen des verkehrsreichsten Bahnhofs ganz Großbritanniens: Clapham Junction.

Nicht umsonst heißt die oberhalb der Dingli Cliffs entlangführende Straße Triq Panoramika

Es wird vermutet, dass die Menschen der Bronzezeit die Rillen aus dem Fels hauten – doch warum? Waren es wirklich Gleitspuren für Karren, *cart-rugs* also? Wo kamen sie her, wo führten sie hin? Niemand weiß es mit Sicherheit, mitspekulieren erlaubt!

An einer Kreuzung beim *Buskett Forest Aparthotel* zeigt ein Wegweiser die Richtung an. Folg dem Fahrweg etwa 200 m weit und geh nach einer Rechtskurve an einem kleinen, würfelförmigen Häuschen nach rechts auf einen Feldweg. Schon nach wenigen Schritten erreichst du linker Hand am Hang die Clapham Junction.

Frei zugänglich | *20–30 Min.* | *J10*

6 DINGLI CLIFFS ★

8 km/ca. 15 Min. mit dem Auto, 30 Min. mit dem Bus von Mdina

Eine faszinierende Landschaft: Auf mehrere Kilometer Länge fallen die Klippen von Dingli über 200 m hoch fast direkt ins Meer ab. Dicht oberhalb des Wassers wird der Abwärtstrend auf weite Strecken jedoch durchbrochen. Da hat sich eine breite Terrasse gebildet, die früher intensiv für die Landwirtschaft genutzt wurde. Hinunter darf man nicht, denn die Grundstücke sind privat und werden leider von Maltas Vogelmördern geschätzt – optisch aber ist die Steilküste ein Highlight. Am obersten Klippenrand entlang führt eine schmale Straße, stehen viele Bänke, eine kleine Kapelle und

Radarkuppen der maltesischen Flugsicherung – sonst nichts. Und auch inseleinwärts hält das nächstgelegene Dorf, *Dingli,* gebührenden Abstand zur puren Natur. Wer wandern möchte, kann auch mit dem Linienbus kommen und entlang der Steilküste gehen, dann über die Clapham Junction und die Buskett Gardens nach Rabat.

Eine längere Einkehr wert ist das exzellente *The Cliffs (Mi–Mo | Vizitaturi | am Primärradar der Flugsicherung | Tel. 21 45 54 70 | thecliffs.com.mt | €€).* Es bietet Kaninchenrouladen und als innovativen Clou eine „One Kilometer Platter". Alles, was auf dem bunt gemischten Teller liegt, stammt aus einem Umkreis von einem Kilometer. Das Gebäude ist hochgradig energieeffizient. Demnächst will man auch Fahrräder vermieten. Vom Restaurant werden zudem *Free Dingli Cliff Tours (Winter Mi und Fr 11, Sommer Do 18.30 Uhr | Spende erbeten | Voranmeldung erforderlich: Tel. 79 64 23 80 | thecliffs.com.mt)* angeboten. Dabei führen örtliche Freiwillige maximal 25 Gäste nach einer kurzen Audiovisionsschau etwa zwei Stunden lang auf Englisch durch die Umgebung. H–J9

INSIDER-TIPP
Regionaler geht nicht

7 SIGGIEWI

5 km/ca. 10 Min. mit dem Auto, 20 Min. mit dem Bus von Mdina

Super Idee: Bei Siggiewi *(*7400 Ew., ausgesprochen *Sid-schi-ewwi)* entstand der unterhaltsame Erlebnissteinbruch *The Limestone Heritage (Mo–Fr 9–16, Sa 9–12 Uhr | Eintritt 9 Euro | Triq Mons M. Azzopardi | limestoneheritage.com).* Hier wird man durch eine kurze Diashow und bei einem Rundgang (Audioguide auf Deutsch!) durch einen kleinen, ehemaligen Steinbruch über alles rund um den maltesischen Kalkstein informiert. Lebensgroße Wachsfiguren, alte Geräte und Fahrzeuge machen die ganze Szenerie lebendig. Angeschlossen sind eine Cafeteria und ein Souvenirladen. Im Sommer finden hier am Abend auch Folkloreshows mit einem maltesischen Buffet statt. K9–10

8 GHAR LAPSI

10 km/ca. 15 Min. mit dem Auto, 30 Min. mit dem Bus von Mdina

Die winzige Bucht *(Ar Lapsi* gesprochen*)* ist ein kurioser Badeplatz – mit ein paar Fischerbooten im Sommer, Sonnenliegeplätzen auf Felsvorsprüngen und einigen schattigen Sandflecken für maximal 20 Personen. Und die sind schnell voll. Taucher gehen hier im Neoprenanzug ins Wasser, Schnorchler mit Maske und Flossen – zu entdecken gibt es immer was.

Dazu eine simple *Cafeteria (€),* die urige Fischtaverne *Carmen's Bar (carmensgharlapsi.com | €)* und ein super Restaurant: das *Dive In (Mi–Mo | Tel. 21 46 40 08 | facebook: Dive In | €-€€.* Auf seiner Terrasse können bis zu 36 Gäste wie auf dem Bug eines Schiffs mit Kurs Hohe See sitzen – besonders toll zum Sonnenuntergang und unterm Sternenhimmel. Auch für Kaffee und Kuchen kann man hier gut einkehren! K11

INSIDER-TIPP
Kreuzfahrt-atmosphäre an Land

MALTAS NORDWESTEN

WO MALTAS STRÄNDE SIND

Erst im Norden entpuppt sich Malta als Insel mit schönen Sandstränden und damit als Badeparadies. Uniforme Liegestuhlreihen gibt es aber auch hier nicht, jeder Strand beweist seinen ganz eigenen Charakter.

Auch schön: Zu den Stränden gehören keine Orte, gewohnt wird – außer an der Mellieha Bay – zumeist woanders. Vor allem in Bugibba–Qawra, dem größten Touristenzentrum der Insel. Strand gibt's da fast gar nicht, dafür massenweise Bars, Pubs und Restaurants. Alles

Ein Urlaubstraum in Türkisblau: Blue Lagoon von Comino

wunderbar konzentriert, sodass im übrigen Nordwesten massig Raum für die Natur bleibt. Hier bebauen Bauern ihre kleinen Felder, sind gelegentlich sogar einmal Schafs- und Ziegenherden zu sehen. Da kann man abgasfrei wandern, biken und sogar reiten. Die Geschichte ist vor allem im großen Dorf Mellieha und entlang der Küsten in Form von Wachtürmen präsent. Einer davon steht sogar auf Comino, dem Inselzwerg zwischen Malta und Gozo. Dort ist die Blaue Lagune im Sommer jeden Badeausflug wert.

MALTAS NORDWESTEN

MARCO POLO HIGHLIGHTS

★ **ST MARIJA**
Wundergläubig sind die Malteser: Wallfahrtsziel seit Ordensritterzeiten
➤ S. 100

★ **MELLIEHA BAY**
Am superlangen Sandstrand ist im Sommer viel los ➤ S. 101

★ **BLUE LAGOON**
Ein Badeerlebnis fast wie in der Karibik
➤ S. 102

★ **GHAJN TUFFIEHA BAY**
Völlig unverbaut: Sandstrand ohne Lärm und Trubel ➤ S. 104

Kemmuna
Armier Bay
Mellieha Bay
St Marija
Mellieha
S. 100
1
National Aquarium
Buġibba
St Paul's Bay
S. 102
Ix-Xemxija
16 km, 50-60 Min.
13 km, 38-44 Min.
Il-Manikata
Golden Bay
MALTA
Ghajn Tuffieha Bay
1,5 km, 30 Min.
2 Mgarr
1 km
0.62 mi

Mellieha: Tagsüber geht's an den Sandstrand, doch beim Sundown ist die Felskulisse schöner

MELLIEHA

(🕮 H6) **Wer eher die Ruhe sucht, dem wird Mellieha gefallen. Das moderne Städtchen (6500 Ew.) mit nur wenigen Hotels und Restaurants breitet sich weitläufig an und auf einem Bergrücken aus.**
In zehn Minuten kann man zum langen Sandstrand an der Mellieha Bay hinunterlaufen. Busse fahren auch zu anderen Stränden und fürs Nightlife nach St Paul's Bay – denn abends werden hier früh die Bürgersteige hochgeklappt. Rundreisende brauchen für Mellieha nicht mehr als ein Stündchen einzuplanen: Kirche und Bunker sind die einzigen Sehenswürdigkeiten.

SIGHTSEEING

ST MARIJA ★

Erst Bunker, dann Kirche – da stellen sich Fragen ein. Die Malteser jedenfalls haben Gott die Bombardierungen nicht übel genommen und bedanken sich in der Höhlenkapelle unter der Pfarrkirche brav für die vielen Wunder, die die Gottesmutter ihnen privat zuteilwerden ließ. Fotos und Zeitungsausschnitte, Gemälde und Dankesgaben erzählen von wundersamer Errettung aus Seenot oder unglaublichem Überleben schwerster Autounfälle. Die Kapelle selbst soll es schon seit 409 geben, die Mariendarstellung auf der Felswand habe der Evangelist Lukas quasi als Porträt gemalt. *Mai–Okt. tgl. 8–12 und 17–19, Nov.–April tgl. 8–12 und 16–18 Uhr | Eintritt frei | ⏲ 15–20 Min.*

MELLIEHA SHELTERS

Grausam – die Vorstellung, dass sich in den engen, aus dem Fels gekratzten Gängen und Zellen 5000 Menschen oft tagelang vor deutschen Bomben in Sicherheit bringen mussten! Rund 500 m lang sind die Tunnel lang, nur 60 cm^2 standen jedem Schutzsuchenden in der Dunkelheit zur Verfügung. *Mo–Sa 9–15 Uhr | Eintritt 2,40 Euro | Wegweiser am Kirchplatz | choirandorchestra.org/heritage-and-culture/wwii-shelters | 15–20 Min.*

ESSEN & TRINKEN

BOUQUET GARNI

Frisch im Haus gebackenes Brot, Familienmitglieder des Chefs als Bedienung. Klassiker wie gegrillter Oktopus und Kreatives wie Muscheln in Kokos-Ingwer-Sud auf dem Teller. Und das alles für maximal 30 Gäste in modernem Ambiente. *Triq Borg Olivier 4 | Tel. 2 15 22 34 | €€*

STRÄNDE

MELLIEHA BAY ★

Maltas längster Sandstrand. Mehrere landschaftlich gut eingepasste Großhotels jenseits der vierspurigen Küstenstraße, eine riesige Hotelanlage direkt am Nordufer der Bucht. Auf dem Wasser viele maltesische Wind- und Kitesurfer mit eigenem Equipment, vereinzelt Beachbars direkt am Strand. Wenn's da zu heiß wird: Auf der anderen Straßenseite lassen sich im *Ghadira Natural Reserve (Nov.–Mai Mo, Mi, Fr 14–17, Sa/So 10–15 Uhr | Eintritt 5 Euro)* Zugvögel und Wintergäste beobachten. *2 km von Mellieha | H5*

PARADISE BAY

Gut versteckt. Der 100 m lange Sandstrand unterhalb einer Steilküste ist nur 400 m vom Fähranleger in *Cirkewwa* entfernt, von der Küstenstraße aus aber nicht zu sehen. *8 km von Mellieha | G5*

RAMLA BAY

Öffentliches Highlight am weitgehend von einem Hotel eingenommenen Beach ist im heißen Sommer der *Hola Beach Club (tgl. 10–23.30 Uhr | holabeachmalta.com),* Treffpunkt für die Jungen und Schönen der Insel. Aber nur wer früh genug kommt, ergattert auch eins der weißen *sun beds* unter Palmen direkt am Wasser. Da kann man notfalls weiterschlafen. *8 km von Mellieha | G5*

INSIDER-TIPP
Wo man am schönsten liegt

ARMIER BAY

Baden auf Maltesisch. Alles wirkt schlicht. Die Ferienhäuser der Einheimischen an der Bucht: bestenfalls nachträglich lizenzierte, einfache Schwarzbauten. Liegestühle und Sonnenschirme: Massenware. Die Preise: günstig. Da kommt vor allem bei jüngeren Maltesern in den beiden einfachen Beachbars gute Laune auf. Gern genutzt wird in beiden der Lunch Deal: Wenn du fürs Mittagessen pro Person mindestens 20 Euro ausgibst, hast du die Strandliege, die sonst ab 6 Euro kostet, für den ganzen Tag kostenlos. *6 km von Mellieha | H4*

WHITE TOWER BAY

Der kurze Sandstrand ist weniger voll, aber auch weniger schön als die anderen in der Region. *7 km von Mellieha | H4*

SPORT & SPASS

POPEYE VILLAGE

Crazy: In die alte Filmkulisse fahren manche auch für einen Badetag. Die Musik dröhnt, am kurzen Strand drängt sich die Crowd auf Liegestühlen, hat das bunte Piratendorf beim Schwimmen vor Augen. Vor allem älteren Kindern gefällt's. Der ideale Platz für das Foto, das in keinem Malta-Album fehlen darf, ist hier das Steilufer auf der Südseite der kleinen Bucht. *Juli/Aug. und Dez. tgl. 10–19, Nov., Jan./Feb. tgl. 10–16.30 Uhr | Eintritt je nach Saison 14–20 Euro, Kinder (3–12 Jahre) 9–15 Euro | popeyemalta.com | G6*

INSIDER-TIPP
Super Malta-Foto

RUND UM MELLIEHA

1 COMINO

Ca. 15 Min. mit Auto oder Bus nach Cirkewwa, dann 30 Min. mit der Fähre

Aller guten Dinge sind drei. In der Meerenge zwischen Malta und Gozo ist der Inselzwerg *Comino* heute nur noch Badeinsel. Boote fahren im Sommer in dichten Abständen von Cirkewwa, der Ramla Bay und Mgarr auf Gozo hinüber. Jede Menge Ausflugsboote kommen zudem von St Paul's Bay und Sliema. Sie kennen nur ein Ziel: die sagenhaft schöne ★ *Blue Lagoon*. Der Sandstrand hier ist winzig und insbesondere im Sommer oft überfüllt, doch dafür entschädigt das in Blau-, Grün- und Türkistönen schimmernde Wasser über goldgelbem Sand. Einen Ort gibt es nicht. Die einzige historische Sehenswürdigkeit auf Comino ist der Wachturm *St Marija* aus dem Jahr 1618. *G4*

ST PAUL'S BAY

(J6) **Man kann es auch positiv sehen: Es ist gut, dass die Malteser ihre größte Hotelstadt auf eine felsige Halbinsel setzten, statt mit Großbauten die wenigen Strände zu verschandeln! St Paul's Bay (18 000 Ew.) heißt das historische Zentrum, das weitaus kleiner ist als die mit ihm zusammengewachsenen Hotelstädte Qawra *(sprich Aura)* und Bugibba *(sprich Bu-dschiba)*.**
Zusammen gibt's hier über 10 000 Betten, dazu jede Menge Restaurants und Pubs. Schön ist die Uferstraße, die rund um die Halbinsel führt, das Aquarium lohnt einen Besuch. Mit Linienbussen kommt man schnell an die Strände sowie nach Valletta.

SIGHTSEEING

MALTA CLASSIC CAR COLLECTION

Alles auf Hochglanz: Über 70 Oldtimer, meist aus den Jahren 1950–72, sind hier zu bestaunen. *Mo–Fr 9–17, Sa 9–14 Uhr | Eintritt 10 Euro | Triq it-Turisti | Qawra | classiccarsmalta.com | 30 Min.*

NATIONAL AQUARIUM

In einem futuristischen Bau direkt am Meer schwimmen Haie und Rochen über einem Besuchertunnel, in Aquarien sind auch Unterwasserszenarien wie Schiffswracks aus Antike und Gegenwart dargestellt. Auch die Cafeteria ist einen Besuch wert. *Tgl. 10–18 Uhr, im Hochsommer bis 20 Uhr | Eintritt 14,90 Euro | Triq it-Trunciera | Qawra | aquarium.com.mt*

GILLIERU HARBOUR

Das renommierte Fischrestaurant, vor 100 Jahren als Kantine für Bauarbeiter geschaffen, wird heute in vierter Generation von der Gründerfamilie geführt. Auch Bon Jovi, Roger Moore und Chris de Burgh haben hier schon die exzellente Küche und feine Atmosphäre direkt am Meer genossen. *Tgl. | Church Street 66 | St Paul's Bay | Tel. 22 26 62 82 | gillieru.co | €€€*

Der Filmdrehort von „Popeye – der Seemann" wurde zur Kinder- und Badeattraktion

ESSEN & TRINKEN

BENJAWAN

Heute Abend mal scharf? Chefköchin Missis Benjawan weiß genau, wie sie mit Kräutern, Wurzeln und Gewürzen umgehen muss, die sie regelmäßig direkt aus Thailand einfliegen lässt. *Tgl. nur abends, im Winter Mo geschl. | 148 St Anthony Street | Bugibba | Tel. 27 04 06 86 | €€*

STRÄNDE

GOLDEN BAY

Die Sandfarbe hat der Bucht ihren Namen gegeben. Hier badet, wer keine Einsamkeit sucht. Wassersportstation, Liegen- und Sonnenschirmvermietung sowie Beachbar machen im Sommer gute Geschäfte, mit Speedboats kann man in Nachbarbuchten rasen. Ruhig erlebt den Strand nur, wer im

Winter kommt oder direkt überm Strand im Luxushotel wohnt. *7 km von St Paul's Bay | G7*

GHAJN TUFFIEHA BAY ★

Das gibt's sonst nirgends auf diesen Inseln: einen 200 m langen Sandstrand, völlig unverbaut und nur zu Fuß oder per Boot zu erreichen. Hier kannst du den Ideenreichtum der coolen Beach Bar *Singita Miracle Beach (singita.it)* erleben. Sundowner und Dinner werden dir hier gern auch in Private Areas auf dem Strand zu chilliger Musik serviert. *7 km von St Paul's Bay | G7*

INSIDER-TIPP
Sunset am Beach

GNEJNA BAY

Kein Traumstrand, aber typisch Malta. 200 m lang, feiner Sand. Primitive Bootsschuppen von Gelegenheitsfischern aus Mgarr werden von den Einheimischen auch als Ferienhäuschen genutzt, statt schicker Beachbar gibt es nur zwei schlichte Imbissbuden an der Bucht *(ausgesprochen Gnehscha)*. Eine gute Wassersportstation *(gnejna watersports.com)* bietet Sonnenschirme, Wasserski, Wakeboarding, Kajaks, Kanus und Paddelboote zur Miete an. *10 km von St Paul's Bay | G7*

SPORT & SPASS

SPLASH & FUN WATER PARK

Ein Wasserpark mit tollen Riesenrutschen, dazu ein Wellenbecken sowie ein 240 m langer „Lazy River". Für Familien mit Kindern ein großer Spaß, insgesamt aber etwas in die Jahre gekommen. *Mitte Juni–Mitte Sept. (wetterabhängig) tgl. 9–20 Uhr | Eintritt 22 Euro, Kinder 15 Euro | White Rocks | Bahar Ic-Caghaq | splashandfunmalta.com | K-L6*

WELLNESS

MYOKA GOLDEN SANDS

Das Besondere an dieser öffentlich zugänglichen Wellnessoase im Luxushotel Radisson Blu ist der schöne Blick auf Küste und Meer vom Indoorpool und von den Ruheräumen aus. *Tgl. 9–19 Uhr | Golden Bay | Tel. 23 56 11 91 | myoka.com/golden-sands*

AUSGEHEN & FEIERN

Nachts sind Qawra und Bugibba noch fester in britischer Hand als sonst schon. Pubs und Sports-Bars dominieren die Szene, die meisten Malteser gehen lieber anderswo hin.

CAFE DEL MAR

Ibiza auf Malta? Na ja, da fehlt noch was. Aber die typischen Compilations des Originals passen auch hier perfekt zu Meer und Sonnenuntergang. Weiß ist die Grundfarbe des Clubs. Schade nur, dass der Infinity-Pool abends nicht mehr genutzt werden darf. *April–Okt. tgl, sonst Sa/So 10–24 Uhr | Trunciera Street | Qawr | Sun-bed-Reservierung: cafedelmar.com/mt/sunbeds*

ELVIS TRIBUTE LOUNGE

In diesem Pub wird fast jeden Abend Livemusik geboten. An Wochenenden treten häufig Elvis-Imitatoren aus aller Welt auf, die das Publikum so begeistern, dass viele zu ihrer Musik tanzen.

Tgl. abends | Tourist Street | Buggiba

BLACK 'N' WHITE
Justin Bieber gilt hier als Star, schon ab 17 darf man rein in die größte Disko des Inselnordens. *Sommer tgl., sonst Fr/Sa 22–4 Uhr | Eintritt frei | Bay Square | Bugibba*

RUND UM ST PAUL'S BAY

2 MGARR
Rund 15 Min. mit dem Auto, 35 Min. mit dem Bus
Das kleine, ganz untouristische Dorf (2800 Ew.) mit der riesengroßen Kirche hat sich in den letzten Jahren zu einem kulinarischen Geheimtipp der Insel entwickelt. Am Dorfplatz bieten jetzt nicht weniger als acht einfache, familiär betriebene Lokale ein sehr ländliches, echt maltesisches Essen an. Vorreiter war das *Restaurant il-Barri (tgl. | Tel. 21 57 32 35 | €)*. Ohne jeden folkloristischen Touch wird in dem modernen Lokal, das zugleich auch Dorfbar ist, maltesische Hausmannskost in üppigen Portionen serviert: Kaninchen mit Schweinebauch etwa oder eine kräftige Gemüsesuppe. Wem es nicht den Appetit verschlägt, der steigt vor der Bestellung in den nur vom Lokal aus zugänglichen Bunker hinab: In dem 225 m langen Stollen suchte die Dorfbevölkerung im Zweiten Weltkrieg vor deutschen Bomben Schutz. In 12 m Tiefe wird heute dort auch ein zehnminütiges Video über jene tragischen Jahre gezeigt. *9 km von St Paul's Bay | H7*

INSIDER-TIPP
Vor dem Essen in den Untergrund

Nur über einen Treppenweg zu erreichen: der unverbaute Strand der Ghajn Tuffieha Bay

GOZO

MALTAS GRÜNES JUWEL

25 Minuten Fährfahrt – und man ist in einer anderen Welt. Gozo ist ganz entspannte Ländlichkeit. Selbst in der Inselhauptstadt Victoria (Rabat) im Inselzentrum sind Autos aus den interessantesten Ecken verbannt. In der Zitadelle fühlst du dich wie im Mittelalter, auf dem schönsten Platz fast wie in Bella Italia. Jedes Dorf auf Gozo hat noch klare Grenzen, liegt meist auf zwar niedrigen, aber aussichtsreichen Tafelbergen. Und dazwischen wird viel Leckeres angebaut – vor allem ein kräftiger Wein.

Besitzt eine der höchsten Kuppeln Europas: Rotunde von Xewkija

Selbst mit Bike oder Bus sind alle Inselziele gut zu erreichen. Wandern geht natürlich auch. Strände im üblichen Sinn gibt's nur einen, doch dafür einige winzige Buchten zwischen sehr steilen Felsküsten. Viele Gozo-Urlauber tauchen ohnehin lieber ab. Wer nur für einen Tag herüberkommt, kann mit dem Mietwagen die bedeutendsten Sehenswürdigkeiten gut kennenlernen, zumal die Fähren ja rund um die Uhr verkehren. Da kann man sich noch ein gozitanisches Abendessen gönnen – am stimmungsvollsten in Xlendi direkt am Meer.

GOZO

MARCO POLO HIGHLIGHTS

★ **DWEJRA INLAND SEA**
Schöne Küstenformationen und ein idyllischer Binnensee ➤ S. 113

★ **GGANTIJA**
Ein Riesentempel als Werk einer Nacht ➤ S. 115

★ **CITTADELLA**
Victorias toll restaurierte Burg mit guten Museen und prächtigem Blick ➤ S. 111

★ **RAMLA BAY**
Gozos bester Sandstrand, und dazu noch völlig unverbaut ➤ S.119

Ramla Bay
MALTA
GOZO
In-Nadur
Il-Qala
Għajnsielem
6 km, 16 Min.
L-Imġarr
Kemmuna
MEDITERRANEAN
SEA
1
MALTA
1 km
0.62 mi

Fast im Zentrum der Insel erstreckt sich unter dem mittelalterlichen Burgberg, der die vor einigen Jahren frisch herausgeputzte Citadella trägt, die Inselhauptstadt Victoria.

Nicht verwirren lassen: Manchmal wird diese auch *Rabat* genannt. Südlich und nördlich davon konzentriert sich in den Küstendörfern *Marsalforn* und *Xlendi* Gozos Fremdenverkehr. Sandstrände sind auf Gozo zwar noch rarer als auf Malta, doch dafür finden diejenigen, die über die Insel fahren, eine Reihe einsamer, unbebauter Felsbuchten und Felsfjorde, wo man sich bestens sonnen und auch baden kann. Besiedelt ist Gozo wohl schon ebenso lange wie Malta. Der neolithische Tempel von *Ggantija* zeugt davon. Seine bestens aufbereiteten Überreste sollte man unbedingt gesehen haben, zumal sie in schönste Natur eingebettet sind. Das ganze Mittelalter über war Gozo immer wieder Überfällen und Plünderungen durch nordafrikanische Piraten und türkische Flotten ausgesetzt. Da wundert's kaum, dass die Insel gegen Ende des 16. Jhs. nahezu entvölkert war und erst im 17. Jh. von Malta und Sizilien aus neu besiedelt wurde.

Im gleichen Jahrhundert errichteten die Johanniter einige Küstenwachtürme. Die Gefahr von Überfällen ließ nach, und so entstand unterhalb der Zitadelle die heutige Hauptstadt Victoria. Für all die Unbill, die Gozo im Mittelalter zu ertragen hatte, wurde es dann im Zweiten Weltkrieg entschädigt. Im Gegensatz zur großen Schwester hatte Gozo nie unter deutsch-italienischen Bombenangriffen zu leiden.

ZIELE AUF GOZO

1 VICTORIA (RABAT)

Wie viele Opernhäuser braucht eine Stadt? Das ist nicht immer von der Einwohnerzahl abhängig. Gozos Hauptstadt, Victoria oder Rabat genannt, hat gleich zwei davon – bei nur 6300 Be-

FINCAS AUF GOZITANISCH

Schon von den Fincas auf Mallorca gehört? Hunderte ausländischer Promis haben da eine. Auf Gozo gibt es Ähnliches – ganz promifrei. Hier nennt man sie *razzetts*. Sie bieten moderne Küchen und Bäder, Klimaanlage und oft auch einen kleinen Swimmingpool. Manche stehen in den Dörfern, andere liegen einsam am Dorfrand oder auf den Feldern.

Das Mauerwerk besteht fast immer aus unverputztem Naturstein, die Treppenaufgänge sind eng und die Fenster klein, um die Hitze fernzuhalten. Wer hier wohnt, im örtlichen Krämerladen und beim durchreisenden ambulanten Fisch- und Gemüsehändler einkauft, in der Dorfbar seinen Kaffee trinkt und frische Eier vom Nachbarn bezieht, bekommt schnell Kontakt zur Dorfbevölkerung und einen authentischen Eindruck von der Insel. Vermittler siehe S. 142.

Kleine Plätze, schmale Gassen, viele Kirchen – Gozos Hauptstadt ist ein anheimelnder Ort

wohnern. Zusammen bieten sie 2800 Zuschauern Platz. Bespielt werden das *Astra* und das *Aurora*, die zwei miteinander konkurrierenden *band clubs* gehören, allerdings nur an ein paar Tagen im Jahr. Ansonsten spielt man im Vestibül (ganztags geöffnet) Billard. Beide liegen an der langen, schnurgeraden Republic Street als Haupteinkaufsstraße des Orts. Sie mündet auf den ehemaligen *Marktplatz It-Tokk*, wo auch der Anstieg hinauf zur Cittadella beginnt.

INSIDER-TIPP
Plötzlich in Italien

Noch schöner ist allerdings die autofreie Pjazza San Gorg. Da fühlt man sich wie auf einer italienischen Piazza. Die beiden nur 80 m voneinander entfernten Plätze verbindet die Triq San Guzepp.

Ein gläserner Fahrstuhl beamt alle Besucher hinauf in die ★ *Cittadella* – und damit um Jahrhunderte zurück. Zunächst führt eine kleine, multimediale Ausstellung in zwei ehemaligen britischen Wasserspeichern stimmungsvoll in die Geschichte der mittelalterlichen Stadt ein: Äußerst unterhaltsam erfährt man in 15 Minuten, was man über die Zitadelle wissen sollte. Zwei Ebenen höher liegt das eigentliche Burgtor.

Treppen führen hinauf zur Kathedrale *St Marija (Mo–Sa 11.30–16 Uhr | Eintritt 4 Euro)*, vor der zwei bronzene Päpste Wache halten. Drinnen warten gemalter Lug und Trug: Ein Blick hinauf, und man glaubt, unter einer schön ausgemalten Kuppel zu stehen – in Wahrheit aber ist die Kirchendecke

Eindrucksvoll thront die Citadella auf einem Hügel – die Mauern sind frei zugänglich

ganz flach. Der Maler Lorenzo Gafà täuschte um 1700 mit seiner illusionistischen Malerei die Sinne. Im weiteren Verlauf des Rundgangs lässt sich das von außen deutlich erkennen.

Wer links an der Kathedrale entlang aufwärts geht, kommt binnen einer Minute zum *Gran Castello Historic House (Di, Do–So 9–17 Uhr | Eintritt 3 Euro für Historic House, gilt auch für Gefängnis und Archeological Museum)*. Der aus drei Einzelhäusern bestehende Komplex aus der Zeit um 1500 zeigt, wie man damals wohnte – Häuser wie diese gab es damals mehrere Dutzend. Kurze Kostümfilme illustrieren das Leben in jener Zeit und informieren über die traditionelle gozitanische Landwirtschaft. Danach geht's zum höchsten Punkt der Zitadelle hinauf, und man genießt beim Weg zurück zum Kathedralplatz von der hohen *Stadtmauer* aus einen prächtigen Blick über die Insel. Am Kathedralplatz liegt das alte *Gefängnis*. Für das obligatorische Selfie steht vor dem Eingang ein nachgebauter mittelalterlicher Schandpfahl. Drinnen lassen sich in den Zellen diverse schöne, von früheren Insassen in die Wände geritzte Graffiti entdecken.

Wer nun noch tiefer in die Inselgeschichte eindringen möchte, besucht das gut ausgeschilderte *Archaeological Museum*. Ästhetisch bemerkenswert ist dort ein arabischer Grab-

stein aus dem 12. Jh. Etwas schaurig ist die Darstellung antiker Begräbnisformen: Ein vollständiges Skelett liegt vor der Amphore aus dem 3.–5. Jh., in die der Tote einst gesteckt worden war, Miniatursarkophage bargen die Asche von Toten, und die Asche eines toten Römers fand in einer gläsernen Urne aus dem 1./2. Jh. ihre letzte Lagerstätte.

Zwei historische Sehenswürdigkeiten fallen bei der Weiterfahrt auf: An der Straße nach Xlendi linker Hand ein um 1700 erbautes öffentliches *Waschhaus* in einer Felsgrotte, an der Straße zur Dwejra Inland Sea ein mächtiges Aquädukt aus dem 19. Jh. *7 km/25–40 Min. vom Fährhafen* | *D3*

2 TA' PINU

Fatima, Lourdes und Altötting sind allen frommen Katholiken ein Begriff. Wie dort ist auch auf Gozo vor rund 120 Jahren Maria einer Gläubigen erschienen. Anders als dort ist der heilige Ort aber nicht völlig kommerzialisiert. In Ta' Pinu hat man 1921–32 nur eine sehr große, neoromanische Basilika auf die Felder gestellt. Im Kirchenraum belegen die vielen Votivgaben, aber auch die von Geheilten zurückgelassenen Krücken und Prothesen die Wundertätigkeit der Gottesmutter, zu der alljährlich noch immer Tausende von Einheimischen pilgern. Wenn nicht gerade Pilgergruppen anreisen, ist sie ein aussichtsreicher Ort der Stille; dann ist auch ihr Vorplatz gut für ein Picknick geeignet. *Tgl. geöffnet* | *12 km/25–40 Min. vom Fährhafen* | *30 Min.* | *C2*

3 DWEJRA INLAND SEA ★

Auch die Natur hält nicht ewig: Gozos bekannteste Sehenswürdigkeit, der *Azure Window* genannte Felsbogen, ist im Februar 2017 eingestürzt und im Meer verschwunden. Aber auch so bleibt hier noch genug Schönes zu sehen und zu tun. Tausende von versteinerten Muscheln sind auf dem felsigen Ufer deutlich zu erkennen. In kleinen Felsbecken können Kinder planschen, in manchen kann man sogar ein paar Schwimmzüge wagen.

Und vor allem ist auf der anderen Seite des Parkplatzes ja noch der mit Salzwasser gefüllte See, Dwejra Inland Sea genannt. Kinder springen von Felsen ins Wasser, in sehr schlichten Schuppen lagern Fischerboote, und

Bootsmänner bieten kurze Ausflugsfahrten an. Bei denen geht es durch einen lichten, natürlichen Felstunnel aufs Meer hinaus. Wenn die See halbwegs ruhig ist, fahren sie sogar weiter bis zum *Fungus Rock*, der kurz vor der Küste aus dem Wasser aufragt. Auf ihm wuchs in Kreuzritterzeiten eine schwammartige Heilpflanze, *Fungus melitensis* genannt, die zur Stillung von blutenden Wunden genutzt wurde. Zur Bewachung dieses Medizinkrauts erbauten die Ritter dem Fels gegenüber 1651 den Festungsturm *Qawra Tower*. Weht über ihm eine Flagge, ist er geöffnet und informiert über Geschichte und Natur dieses Gebiets. *14 km/20–25 Min. vom Fährhafen* | *30–40 Min.* | *C2*

4 XLENDI

Normale Badeorte gibt es viele auf der Welt. In Xlendi ist alles anders. Dass hier ein Badeort entstehen konnte, verstehen wahrscheinlich nur die mit großen und kleinen Fjorden vertrauten Norweger. Der winzige Ortskern liegt am inneren Ende einer langen, schlauchförmigen Bucht. Vor der gerade mal 50 m langen Uferpromenade zieht sich ein – je nach Wasserstand – 0,10 bis 2 m langer Sandstrand hin. Ansonsten steigt man über Leitern von geglätteten Felsterrassen auf der westlichen Buchtseite aus ins Wasser oder begibt sich zum Sonnenbad in die ehemaligen Salinen unterhalb des 1658 erbauten Wachturms *Xlendi Tower*.

Hier glänzen nicht nur die Lüster: Pracht, Prunk und Frömmigkeit in Xaghras Basilika

Das östliche Buchtufer steigt zu steil aus dem Meer, um sich dort zu sonnen, aber ein Pfad führt die Felsen hinauf zu einer winzigen Fischerkapelle. Gleich hinterm winzigen Ortskern beginnt ein grünes Tal, das sich 2 km weit bis zur Inselhauptstadt hinaufwindet. Etwa auf halber Strecke rockt Gozo in Sommernächten: Da stört die Musik der besten Inseldisco, *La Grotta* (s. S. 121), keinen Menschen. Noch ein Plus für Xlendi: Nur hier starten im Sommer Bootsrundfahrten rund um die Insel. *10 km/40–55 Min. vom Fährhafen | C3*

5 MARSALFORN

Dahin, wo was los ist? Dann auf zum einzigen Ort direkt an der Nordküste. Hier machen die meisten Ausländer Urlaub – allen voran Taucher. Marsalforn ist aber auch für Einheimische an warmen Abenden und an den Wochenenden ein beliebtes Ausflugsziel. Man schlendert auf der Uferpromenade und isst in einem der vielen Restaurants am Wasser. Der einzige Sandstrand im Ort selbst ist etwa 15 m lang und grenzt direkt an den Boots- und Fischereihafen. Hierher kommt niemand zum Sonnenbaden, sondern nur, um schnell mal ins Wasser zu gehen.

INSIDER-TIPP
Tolles Foto!

Das fotogenste Motiv Marsalforns sind die Salinen 1 km westlich des Orts. Hunderte von flachen Felsbecken bilden hier die schönsten geometrischen Muster. Auf dem Weg dahin passiert man glatte Felsformationen, die an sich überschlagende Wellen erinnern – Arizona am Meer. *E2*

6 XAGHRA

Auf dem großen Dorfplatz von Xaghra kann man Stunden in Cafés und Restaurants verbringen und dem einheimischen Leben zuschauen. Verwunderlich ist ein Blick auf die beiden Uhren an den Kirchtürmen von *Marija Bambina*: Eine ist nur aufgemalt, zeigt 1438 Minuten am Tag die falsche Zeit: Sie soll den Teufel daran hindern, den Gottesdienst zu stören. Etwas eigenartig sind auch zwei ältere Wohnhäuser ganz in der Nähe: Sie wurden über Tropfsteinhöhlen erbaut. Die Bewohner machen es sich zunutze, zeigen Besuchern erst ihr Haus und dann die Höhle, so in *Ninu's Cave (18 January Street)* und in *Xerri's Grotto (31 Xerri Grotto's Street | beide ca. 9–13 und 16–18 Uhr | Spende erbeten).*

Auf dem Weg zum Tempel von *Ggantija* am Dorfrand kommt man zudem an Gozos einziger intakter Windmühle vorbei, *Ta' Kola*, an der die meisten Urlauber leider achtlos vorbeifahren. Dabei ist sie so herrlich romantisch. Sie wurde schon 1725 erbaut und ist heute Mühlenmuseum *(Mi–Mo 9–17 Uhr | Eintritt 10 Euro inkl. Ggantija). 6 km/15–25 Min. vom Fährhafen | E2*

INSIDER-TIPP
Windiges

7 GGANTIJA ★

Wie haben die Menschen vor 5500 Jahren nur diese riesigen Steinblöcke bewegt? Die Gozitaner hatten früher darauf eine einfache Antwort: Eine Gigantin soll den Bau in einer einzigen Nacht errichtet und dabei noch ihr Kind auf dem Arm getragen haben. Heute zählt der sehr gut erhaltene

Tempel von Ggantija zum Unesco-Welterbe.

Die beiden auf einen Vorplatz ausgerichteten, früher wohl mindestens 10 m hohen Tempelfassaden waren konkav geformt und trafen in der Mitte in stumpfem Winkel aufeinander. Vor den Fassaden verlief eine Steinbank zur Ablage von Opfergaben. Den Zugang zu jedem der beiden Tempel bildete ein enger Gang, der links und rechts von mächtigen, senkrecht stehenden Steinen – sogenannten *Orthostaten* – flankiert war. Boden und Decke bestanden ebenfalls aus riesigen Steinplatten.

Vor dem Eingang zum linken der beiden Tempel liegt eine Steinplatte mit erhabenem Rand. Brandspuren deuten darauf hin, dass hier Brandopfer dargebracht wurden. Auf der Schwellenplatte steht eine Schale, die zur Aufnahme von flüssigen Opfern bestimmt war. In den hintersten der Orthostaten zeugen vier sich gegenüberliegende Löcher davon, dass der Zugang zum Tempel mit Holzbalken versperrt werden konnte. Das Tempelinnere besteht aus einem breiten Mittelgang und fünf nierenförmigen Räumen.

Hier hinein durften einst wohl nur Priester. Lohnend ist ein Blick auf die Umfassungsmauer des Doppeltempels, die ihn auf drei Seiten umgibt. Die Menschen der Jungsteinzeit haben dafür riesige Steine abwechselnd senkrecht und waagerecht aufgeschichtet. *Juni–Sept. tgl. 9–18, Okt.–Mai Mi–Mo 9–17 Uhr | Eintritt 10 Euro inkl. Windmühle Ta' Kola in Xaghra | gut ausgeschildert am südlichen Ortsrand von Xaghra | 6 km/15 Min. vom Fährhafen | 1–1 ½ Std | E3*

8 XEWKIJA

Ob der Glaube Berge versetzen kann, sei dahingestellt. Ungeheure Steinquader setzt er auf jeden Fall in Bewegung. Ein Beweis dafür ist die von den Xewkijanern finanzierte und erbaute riesige *Rotunda (Mo–Sa 9.30–12 und 15.30–17.15 Uhr | Fahrstuhl vom kleinen Kirchenmuseum aus* | Eintritt *2 Euro).* Mit 75 m Höhe soll sie die dritthöchste Kuppel Europas besitzen, mit Sicherheit aber die höchste des maltesischen Staats. Um die mächtige Kuppel führt in luftigen 50 m Höhe ein Umgang, wo du mit großer Wahrscheinlichkeit von Reisegruppen ver-

INSIDER-TIPP **Grandioses Panorama**

Erbaut von einer Gigantin? Wer hätte sonst die Steinblöcke von Ggantija bewegen können?

schont bleibst. *4 km/10–20 Min. vom Fährhafen | D–E3*

ESSEN & TRINKEN

THE GRAPES

Auf Gozos schönstem Platz speisen: Einen Schönheitsaufschlag gibt's nicht, die Preise sind günstig, das Essen ist mediterran und gozitanisch. Spät am Abend wird das Lokal im Sommer auch ein beliebter Treff zum Chillout, der dann auch bei Sonnenaufgang schließt. *Tgl. | Piazza Sam Georg | Victoria | Tel. 79 47 35 36 | the grapeswinebar.com | € | D2*

JUBILEE

Das Café direkt am Hauptplatz von Victoria gleicht innen einem stilechten britischen Pub hohen Niveaus mit nur zwölf kleinen Tischen. Die Küche bietet sowohl Sandwiches, hausgemachte Pasta, gozitanische Pasteten, Salate und Pizza als auch täglich wechselnde Gerichte verschiedenster Provenienz. Spitzenklasse sind der Apfel- und der Pekannuss-Kuchen. *Tgl. 8–22.30 Uhr | It-Tokk | Victoria | Tel. 21 55 89 21 | cafe jubilee.com | €€ | E2*

TA' RIKARDU

In der Zitadelle von Vittoriosa versteckt sich an der Längsseite der Kathedrale ein familiär betriebenes Restaurant mit authentisch gozitanischer Küche. Man sitzt in den alten Gewölben eines mittelalterlichen Hauses oder auf der Dachterrasse, lässt sich hausgemachte Ravioli und Kaninchen schmecken. Dazu passt der Wein aus der hauseigenen Kellerei. *Tgl. | Cita-*

della | Victoria | Tel. 21 55 59 53 | € | 🕮 D2

OLEANDER

Das Oleander war das erste Restaurant auf Gozo, das gute Küche direkt auf dem Dorfplatz servierte. Hier gehen die Gozitaner seit Generationen hin, wenn sie einmal mit Freunden und Familie auswärts essen wollen. Die Dorfkirche direkt vor Augen, genießt man hier vor allem maltesische Küche, entbeinte Wachteln inklusive. *Di–So | Victory Square 10 | Xaghra | Tel. 21 55 72 30 | €€ | 🕮 E2*

INSIDER-TIPP
Essen wie ein Gozitaner

KOHINOOR

Ein wahrhaft außergewöhnlicher Inder direkt am Hafen mit Tischen am Wasser! Die indischen Brote werden hier noch im Lehmbackofen gebacken, die Tandoori-Spieße über offenem Feuer gerillt, die Thali stilgerecht serviert. Und wenn der Partner indisch nicht mag, findet er auf der Karte auch frischen Fisch und mediterrane Gerichte. *Tgl. | Marina Street | Marsalforn | Tel. 79 82 92 69 | €€ | 🕮 E2*

TA' FRENC ⚑

Ein alter Gutshof aus dem 14. Jh. im grünen Tal kurz vor Marsalforn ist Gozos Topadresse, wenn es um private Feiern und feine Ökoküche geht. Fleisch, Fisch und Gemüse stammen fast ausschließlich aus Gozo, das exzellente Olivenöl wird exklusiv aus Sizilien importiert. Tischreservierung empfohlen! *April–Dez. Mi–Mo, Jan.–März Fr/Sa und So mittags | an der Straße zwischen Victoria und Marsalforn | Tel. 21 55 38 88 | tafrencrestaurant.com | €€€ | 🕮 D2*

CAFÉ REALE

Lust auf Eis, Pancakes, süße Leckereien oder Torten? Oder auf preiswerte Pizza und Pasta? Dann ist dieses schlichte Lokal direkt am Dorfplatz die richtige Adresse für dich. Auch Geburtstagstorten kannst du hier bestellen. Und im Winter gibt's Glühwein und Weihnachtsgebäck. *Di–So | Victory Square 29 | Xaghra | Tel. 21 55 38 87 | € | 🕮 E2*

TA' KAROLINA

Das Restaurant liegt direkt am Hafenbecken von Xlendi. Hier gibt's für jeden etwas: eine große Auswahl an Fisch und Meeresfrüchten, aber auch Kaninchen und vegetarische Gerichte sowie Nudeln. *März–Mitte Nov. tgl. | Marina Street | Xlendi | Tel. 21 55 96 75 | €€ | 🕮 D2*

SHOPPEN

AQUILINA

Oma ist fromm und hat eine Vorliebe für das leicht Kitschige? Dann gibt es für sie hier das richtige Mitbringsel: Maria und Heilige in jeder Größe und Preislage, oft mit maltesischem Namen. *Pjazza San Frangisk | Victoria | 🕮 D3*

ORGANIKA

Ein auf Gozo lebendes französisches Paar hat hier schon vor über einem Jahrzehnt den ersten Öko- und Fairtrade-Shop eröffnet. Gozitaner kaufen

Wer Cave-Hopping betreibt, findet spannende Ausblicke – wie hier auf die Ramla Bay

hier Biolebensmittel und -kosmetika, Ausländer vor allem gozitanische Marmeladen, Olivenöle und Meersalz oder einheimisches Kunsthandwerk und Fairtrade-Artikel von weniger glücklichen Kontinenten. *Piazza It-Tokk | Victoria | D3*

TA' DBIEGI

In den kleinen Gebäuden einer alten Kaserne werden Filigranschmuck und Spitzen sowie Produkte aus Glas, Leder, Wolle, Blech und Ton von Hand gefertigt und verkauft. Auch Marmeladen, Kerzen und Gemälde sind hier zu erstehen. *San Lawrenz | an der Straße zur Dwejra Inland Sea | 20–30 Min. | C2*

STRÄNDE

GHASRI VALLEY

Mal anders schwimmen: in einem ganz engen Fjord dem Meer entgegen! Vom winzigen Kieselsteinstrand am inneren Fjordende, an dem kaum mehr als zehn Sonnenanbeter Platz finden, kommt man gut ins Wasser. *3,5 km westlich von Marsalforn | D2*

INSIDER-TIPP
Minifjord, Ministrand

RAMLA BAY ★

Hier geht im Sommer die Post ab. Der lange, superbreite Sandstrand ist der schönste der Insel. Liegestuhlreihen

Heiß sind die Sommernächte in den Bars von Marsalforn und Xlendi

gibt's trotzdem nicht, man breitet sein mitgebrachtes Handtuch auf dem rötlich schimmernden Sand aus. Atemberaubend ist die Aussicht auf die Bucht von der westlich gelegenen *Höhle der Kalypso* aus. Ein Info-Haus der Gaia Foundation informiert über die Natur des Biotops Rambla Bay. *4 km nördlich von Nadur* | *E2*

HONDOQ BAY

Etwa 15 m lang ist der Sand-Kies-Strand mit schönem Blick in Richtung Comino. *2 km unterhalb des Dorfs Qala* | *F3*

MGARR IX-XINI

2 km lange, schmale Felsbucht mit dem Strandbad des Luxushotels *Ta'Cenc* und Liegeflächen auf Beton. *2,5 km unterhalb des Dorfs Sannat* | *E4*

XWEJNI BAY

Kleine Badebucht mit bizarren, von der Brandung ausgewaschenen Felsformationen und vorgelagerten Badefelsen. *1,5 km westlich von Marsalforn* | *D1*

WELLNESS

KEMPINSKI SAN LAWRENZ

Palmen und viele Blüten schauen durch die Fenster ins Kempinski-Spa hinein. Irgendwie fühlt man sich wie am Ende der Welt. Oder vielleicht eher wie in Indien – denn Kern des Spa ist

INSIDER-TIPP
Ommmmm …

eines der größten Ayurvedazentren Europas. Vom Arzt bis zum Küchenchef kommen alle Spezialisten vom indischen Subkontinent. 34 Anwendungen stehen zur Auswahl. 30 Minuten Kopfmassage (30 Euro) sind ebenso möglich wie zwei Wochen Kur inklusive Anwendungen, Yoga und Kräutertees (ab 155 Euro/Tag). Solltest du mal ausprobieren! *San Lawrenz | Tel. 22 11 00 00 | kempinski.com/hotel-san-lawrenz*

AUSGEHEN & FEIERN

IT-TOKK

Lounge-Café und -Bar mit Dachgarten, in dem auch maltesische Spezialitäten angeboten werden. *Tgl. | It-Tokk | Victoria | D3*

JUBILEE

Gozos Treffpunkt zum Sehen und Gesehenwerden. Stilvoller können auch Pubs im Londoner Westend nicht sein. Zudem gibt es gute Snacks und Pastagerichte sowie an manchen Abenden sogar Livemusik. Wer sich für wichtig hält, sitzt drinnen. Da verläuft ja auch die Schminke weniger schnell. Draußen sind die Touris. *Tgl. | It-Tokk | Victoria | D3*

KU CLUB/PYRAMID CLUB

Wenn Gozos Jugend zwischen November und April abrocken will, geht sie in die beiden Opernhäuser des Hauptstädtchens, das Astra und das Aurora. Da geht's dann fast wie in einer guten Dorfdisko zu. *Fr/Sa 23–4 Uhr | Republic Street | Victoria | D3*

LA GROTTA

INSIDER-TIPP
Grottengut

Zum Tanzen trifft sich halb Gozo am Wochenende in felsigen Grotten im Xlendi-Tal. Pure Natur und romantische Lichteffekte sorgen fürs typische Gozo-Feeling, die Gast-DJs kommen aus aller Welt. *Juni–Okt. Fr/Sa, Nov.–Mai zu besonderen Anlässen wie Valentinstag, Karneval oder Schulpartys | 1 km oberhalb von Xlendi an der Straße nach Victoria | G3*

SCHÖNER SCHLAFEN AUF GOZO

STRAND, STRAND, STRAND

Balkon fast direkt überm Meer, Strand 5 m vor der Hoteltür. Das *San Andrea (28 Zi. | Xlendi | Tel. 21 56 55 55 | hotelsanandrea.com | €€ | C3)* klingt und ist auch gut! Das Frühstück wird im zugehörigen Restaurant auf der Uferpromenade, serviert.

ABSOLUTE RUHE

Zufällig kommt hier niemand vorbei. Das weitläufige Bungalowhotel *Ta'Cenc (83 Zi. | Tel. 22 19 10 00 | vjborg.com | €€€ | D3)*, in dem auch schon Ex-Bundeskanzler Willy Brandt genächtigt hat, liegt mit Garten und kleinem Spa einsam und ruhig am Dorfrand von Sannat. Manche der ebenerdigen Bungalows ähneln apulischen Trulli. Wer nicht nur in den Pools baden möchte, fährt mit dem Hotelshuttle an eine 2 km entfernte, winzige Felsbucht.

ERLEBNIS TOUREN

Lust, die Besonderheiten der Region zu entdecken? Dann sind die Erlebnistouren genau das Richtige für dich! Ganz einfach wird es mit der MARCO POLO Touren-App: Die Tour über den QR-Code aufs Smartphone laden – und auch offline die perfekte Orientierung haben.

1 MALTA PERFEKT IM ÜBERBLICK

- Viel Bewegung: Wandern, Spaziergänge und Baden inklusive
- Prähistorische Stätten, mächtige Kuppeln und Kirchen
- Unterwegs zu Meeresgrotten und Steilküsten sowie eine Bootsfahrt

Sliema Ferry

Sliema Ferry

135 km

2 Tage/reine Fahrzeit 5 Stunden

Die Rundfahrt ist in Form zweier Schleifen angelegt, sodass man zwischen beiden Tagen zurück ins eigene Hotel zum Übernachten kann.
Valletta sowie Mdina/Rabat besucht man besser einzeln mit dem Linienbus – sie sind daher nicht Teil dieser Tour.

Fassaden wie bei einer Theaterkulisse: Old Theatre Street in Valletta

ZUM AUFTAKT HÖCHSTE MEGALITHKULTUR

Los geht es an der ❶ Sliema Ferry *an der Uferstraße zwischen St Julian's und Valletta*, also dort, wo die meisten Urlaubshotels stehen. Du umrundest zahlreiche Buchten. Kurz vor Valletta entfernt sich die Straße vom Ufer und steigt leicht bergan, linker Hand liegt ein Park. Die vierspurige Straße führt unter einer Brücke hindurch. Kurz danach, *den Wegweisern nach Marsa und Paola folgend, links abbiegen.* Du durchquerst Paola und folgst dem *Wegweiser zum Tempel von* ❷ Tarxien ➤ S. 65.

PURE FISCHERIDYLLE

Nach dessen Besichtigung geht es *zur Hauptstraße zurück und nach Marsaskala ➤ S. 79*, weiter *am Südufer der Marsaskala Bay entlang* bis zum St Thomas Tower und dann zur St Thomas Bay. Dort wendet sich die Straße landeinwärts. Am Kreisverkehr von Bir ir-Deheb *biegst du Richtung BIrzebugga ab und gleich darauf nach links* nach ❸ Marsaxlokk ➤ S. 74, dem fotogensten Küstenort der Insel, wo man wunderbar über den Markt bummeln und direkt vor den bunten Fischerbooten den Morgenkaffee trinken kann.

TAG 1

❶ Sliema Ferry

9 km 8 Min.

❷ Tarxien

18 km 25 Min.

❸ Marsaxlokk

15 km 16 Min.

❹ Wied iz-Żurrieq

1 km 7 Min.

❺ Blue Grotto

2 km 12 Min.

❻ Hagar Qim und Mnajdra

5 km 20 Min.

❼ Ghar Lapsi

16 km 20 Min.

❽ Sliema Ferry

TAG 2

20 km 20 Min.

❾ Mellieha

3,5 km 6 Min.

❿ Popeye Village

6,5 km 7 Min.

LICHTERSPIELE UND URALTE TEMPEL

Es geht dann die Uferstraße entlang der Marsaxlokk Bay nach **Birzebbuga** ➤ S. 76. Weiter auf der Küstenstraße erreicht man die Einfahrt zum *Containerhafen Kalafrana, wo sich die Straße landeinwärts wendet* und durchs Gewerbegebiet von Hal Far nach Zurrieq und von dort hinunter nach ❹ **Wied iz-Żurrieq** führt. Dort kann man gegen 13 Uhr zunächst im **Step-Inn** *(tgl. | €)* zu Mittag essen und danach auf ein Boot steigen, um sich an der Steilküste entlang zur ❺ **Blue Grotto** ➤ S. 78 mit ihren fantastischen Lichteffekten bringen zu lassen. Danach geht es wieder *das Steilufer hinauf und links ab* zu den eindrucksvollen Tempeln von ❻ **Hagar Qim und Mnajdra** ➤ S. 76 in schönster Lage und Natur. Nun fährst du auf dem kleinen Sträßlein *weiter bis zum Kreisverkehr von Tal Bajjada und hinunter zur kleinen Bucht von* ❼ **Ghar Lapsi**, wo man auf der Terrasse im **Restaurant Dive In** *(Di geschl.)* wie auf dem Vorschiff eines Ozeandampfers sitzen kann. Anschließend geht es *über Siggiewi zurück ins städtische Malta, nach Hamrun.* Hier kann man auf die Schnellstraße auffahren, die einen zurück nach ❽ **Sliema Ferry** oder in seinen Urlaubsort bringt.

INS LÄNDLICHE MALTA

Am zweiten Tag *ist erneuter Start in Sliema Ferry. Diesmal folgt man der Uferstraße in die andere Richtung, umfährt Sliema und die Baluta Bay* und ist einige Kilometer hinter St Julian's wieder im ländlichen Malta. Dann lässt du das große Touristenzentrum Bugibba rechts liegen, *umfährst die St Paul's Bay* und fährst ins Städtchen ❾ **Mellieha** ➤ S. 100 hinein. Hier kann man an der abschüssigen Hauptstraße oder direkt vor der Kirche **St Marija** parken. Nach der Besichtigung des Pilgerheiligtums mit seiner wundertätigen Mariendarstellung und dem kuriosen Museum *geht es hinunter an die* **Mellieha Bay** ➤ S. 101. Nun am Kreisverkehr *nach Süden in Richtung Valletta fahren und schon nach ca. 100 m rechts* zum ❿ **Popeye Village** ➤ S. 102 abbiegen. Fotogen ist die Kulisse für den Comic-Filmhelden auf jeden Fall! Danach geht es zurück zur *Hauptstraße und weiter bis zur Abzweigung,* die

über Manikata zur ⑪ **Golden Bay ➤ S. 103** führt. Endlich Strand: am feinsandigen Beach sonnen, im Meer schwimmen, einen Drink im Strandcafé schlürfen oder auch einen einstündigen Speedboattrip in verschiedene Nachbarbuchten unternehmen.

⑪ **Golden Bay**

3,5 km 5 Min.

STEILKÜSTE UND KARRENSPUREN

Nun kommt die Zeit für ein rustikales Mittagessen am Dorfplatz von ⑫ **Mgarr ➤ S. 105** im **Restaurant il-Barri**, in dem gleich auch noch ein Bunker aus dem Zweiten Weltkrieg zu besichtigen ist. Empfehlung fürs maltesische Mahl: Kaninchen! Von Mgarr geht es dann *zur Hauptstraße zurück in Richtung Mdina/Rabat.* Kurz vor

⑫ **Mgarr**

7 km 9 Min.

Farbige Erker, historische Fassaden: Der maltesische Adel bevorzugt das stille Mdina

⑬ Mdina
4,5 km 8 Min.
⑭ Dingli Cliffs
2 km 7 Min.
⑮ Clapham Junction
1,5 km 5 Min.
⑯ Buskett Gardens
7 km 9 Min.
⑰ Mosta
10 km 15 Min.
① Sliema Ferry

⑬ Mdina ➤ S. 84 ein Fotostopp: Die mächtigen Mauern der Doppelstadt sind in der Ferne in Sicht. In Mdina und Rabat gäbe es genug für einen ganzen Tag zu sehen – besser ist es daher, an einem anderen Tag noch einmal extra hierherzukommen. Nun weiter führt die Fahrt *durchs Dorf Dingli* zu den ⑭ Dingli Cliffs ➤ S. 94. Nach einem Spaziergang entlang der Steilküste ist es Zeit für Kaffee und Kuchen im erstklassigen Restaurant The Cliffs. Danach stehen die rätselhaften bronzezeitlichen Karrenspuren von ⑮ Clapham Junction ➤ S. 93 und die benachbarten schattigen ⑯ Buskett Gardens ➤ S. 92 auf dem Programm, in denen man bei einem Spaziergang endlich wieder einmal durch eine Art Wald bummeln kann.

ZUM SCHLUSS EINE RIESIGE KUPPEL

Erneut an der Doppelstadt Mdina/Rabat vorbei ist das nächste Ziel ⑰ Mosta ➤ S. 92 mit der mächtigen Kuppel der Rotonda. Parken kann man direkt an der Kirche. Von dort aus sind es auch nur etwa 100 m bis zum einzigartigen maltesischen Restaurant Ta' Marija, wo es zu Live-Gitarrenmusik ein gutes Abendessen gibt. Anschließend geht es *durch Balzan und Birkirkara* wieder zur schon bekannten *Schnellstraße* zurück, über die man ① Sliema Ferry und das eigene Urlaubshotel erreicht.

INSIDER-TIPP
Traditionell touristisch speisen

2 EIN LANGER SPAZIERGANG DURCH VALLETTA

- Die Top-Sehenswürdigkeiten der Stadt
- Ungewöhnliche Plätze zur Einkehr
- Tolle Aussichtspunkte überm Grand Harbour

Start: Bus Terminus Valletta
Ziel: Bus Terminus Valletta
Strecke: 3,5 km
Dauer: 1 Tag / reine Gehzeit 80 Min.

Info: Valletta besucht man besonders im Sommer am besten mit dem Bus, denn Parkplätze sind knapp und teuer.

ULTRAMODERNE ARCHITEKTUR TRIFFT HISTORIE

Möglichst früh sollte man per Linienbusse, die Valletta von allen Inselorten aus ansteuern, am neuen 1 Bus Terminus Valletta vor der Stadtmauer ankommen. *Von hier führt ein paar Schritte nach links die neue Brücke in die Altstadt hinein.* Der Blick fällt sogleich auf das 2015 eröffnete 2 Parlamentsgebäude ➤ S. 45 am Freedom Square des italienischen Stararchitekten Renzo Piano. Er hat auch das Open-Air-Theater 3 Teatru Rjal direkt daneben konzipiert. Beide stehen am Anfang der belebten und oft fahnengeschmückten 4 Republic Street. Einige wenige Läden wie der Wembley Store ➤ S. 58 haben noch schöne alte, farbige Holzfassaden, die meisten aber geben sich ganz modern. Auffällige Werbung ist wegen des historischen Stadtbilds verboten, sodass selbst McDonald's erst zu erkennen ist, wenn man fast schon davorsteht.

1 Bus Terminus Valletta

2 Parlamentsgebäude

3 Teatru Rjal

4 Republic Street

KLASSISCHE KLÄNGE UND VALLETTAS VORZEIGEKIRCHE

Jedes maltesische Dorf hat sein Orchester, Valletta gleich mehrere. Sie üben in den Häusern der Philharmonischen Gesellschaften, La Valette *(297 Republic Street)* und The King's Own *(275 Republic Street)*. Hier kann man wie ein Einheimischer an der Bar einen

Unverkennbar britisches Erbe: Telefonzelle auf der Republic Street

INSIDER-TIPP **Tourist trifft Trompeter**

Espresso trinken und dabei echtes maltesisches Alltagsleben studieren, vielleicht sogar ein paar Musikschüler üben hören. Zwischen beiden Gebäuden erhebt sich das ❺ **National Museum of Archeology** ➤ **S. 45**, dessen Besichtigung ca. 45 Minuten in Anspruch nimmt. *Ein paar Schritte auf der Republic Street weiter* steht man sogleich vor dem Besuchereingang der imposantesten Kirche Valettas: ❻ **St John's Co-Cathedral** ➤ **S. 46**. Kurz darauf öffnet sich der *Great Siege Square* mit der eindrucksvollen Säulenvorhalle der ❼ **Law Courts**.

TOLLE LÄDEN UND DIE TURBULENTE GESCHICHTE MALTAS

❺ National Museum of Archeology

❻ St John's Co-Cathedral

❽ Cordina

❾ Grand Master's Palace

❿ Silversmith's Shop

⓫ Fort St Elmo

⓬ Malta Experience

Dann geht es *zum Republic Square* mit seinen Straßencafés. Ins Café ❽ **Cordina** *(tgl. | €)* solltest du seiner Innengestaltung wegen auf jeden Fall einmal einen Blick werfen. Das Eis und die Süßigkeiten hier sind famos. Anschließend sind es nur *wenige Schritte bis zum Palace Square*, wo Wasserspiele die Passanten zu jeder vollen Stunde unterhalten. Man kann sie auch zum Abkühlen der Füße nutzen. Für die Besichtigung des den Platz dominierenden ❾ **Grand Master's Palace** ➤ **S. 47** samt Waffenkammer ist mindestens eine Stunde einzuplanen. Wenn man danach *die Republic Street ganz hinunter bis zur North Street* geht, kommt man an einigen empfehlenswerten Juweliergeschäften wie dem ❿ **Silversmith's Shop** ➤ **S. 58** vorbei, die vor allem maltesische Silberfiligranarbeiten anbieten. Die Republic Street endet vor dem geschichtsträchtigen ⓫ **Fort St Elmo** ➤ **S. 50**. Wendest du dich *hier nach rechts*, gelangst du zum Eingang der Multivisionsschau ⓬ **Malta Experience** ➤ **S. 50**, wo die lange Geschichte Maltas kurzweilig in Ton und Bild dokumentiert wird. Folg anschließend der *Uferstraße* *am Grand Harbour entlang* bis zu den ⑬ **Lower Barracca Gardens ➤ S. 51**. Von hier aus kann man gut in den Hafen einlaufende Schiffe beobachten.

Durch das Victoria Gate tritt man dann wieder in die Stadt hinter den Mauern ein. Die *stufenreiche St John's Street* führt hinauf zur ⑭ **Merchants Street**. *Biegst du nach links in sie ein,* kommst du zur ⑮ **Auberge de Castille ➤ S. 53**, heute Amtssitz des Premierministers. *Ein kurzer Abstecher* von hier führt zu den ⑯ **Upper Barracca Gardens ➤ S. 52** mit schönem Blick auf den Grand Harbour. Am Kiosk in den Gärten lässt sich beschaulich ein Kaffee trinken und danach noch ein Blick in die zu einem Kulturzentrum umfunktionierte Festung ⑰ **St James Cavalier ➤ S. 54** werfen, bevor man zum nahe gelegenen ① **Bus Terminus Valletta** zurückkehrt.

⑬ Lower Barracca Gardens

⑭ Merchants Street

⑮ Auberge de Castille

⑯ Upper Barracca Gardens

⑰ St James Cavalier

① Bus Terminus Valletta

3 WANDERN ENTLANG DER VICTORIA LINES

- Natur pur in aller Stille erleben
- Picknickplatz mit himmlischem Segen
- Ein Gefühl für die Ländlichkeit Maltas entwickeln

Start	Dorfplatz in Mgarr	Ziel	Mosta
Strecke	ca. 16 km	Dauer	4-6 Stunden / reine Gehzeit ca. 4 Stunden
Schwierigkeit	leicht	Anstieg	240 m

Wenig Schatten, im Sommer am besten relativ früh starten!
Buslinie ab Valletta bis Mgarr, Buslinie ab Mosta nach Valletta, nach Sliema und nach Bugibba/Qawra

1 Dorfplatz in Mgarr

1 km 12 Min.

2 Zamitello Palace

4 km 50 Min.

3 Bingemma Fort

1 km 12 Min.

KLEINE FORTS ZU EHREN DER QUEEN

Vom 1 **Dorfplatz in Mgarr** ➤ S. 105 aus, wo man noch gut einen zweiten Morgenkaffee trinken kann, geht es zunächst auf der Asphaltstraße *an der mächtigen Kirche vorbei in Richtung Gnejna Bay.* Hinter dem auffälligen 2 **Zamitello Palace** mit seinen Zinnen und einem kleinen Turm, einem romantisierenden Bau aus dem 19. Jh., zweigt *nach links eine schmalere Asphaltstraße* ab. Sie führt auf die **Victoria Lines** hinauf, die aus einer Aneinanderreihung kleiner britischer Forts unmittelbar über dem niedrigen Steilabfall des **Great Fault** am Rand des zentralmaltesischen Plateaus nach Norden hin bestehen. Die Engländer errichteten sie im späten 19. Jh. zum Schutz Zentralmaltas vor einer eventuellen Invasion fremder Truppen und tauften sie zu Ehren der damaligen britischen Queen auf ihren Namen. Schon 1907 wurde ihre militärische Nutzlosigkeit erkannt. Bis auf das **Mosta Fort** dienten sie jedoch im Zweiten Weltkrieg alle als Flakstände zur Fliegerabwehr. Das 3 **Bingemma Fort** ist das erste dieser Forts, auf das man stößt. Seine Zugbrücke und die Wappen über dem Tor sind

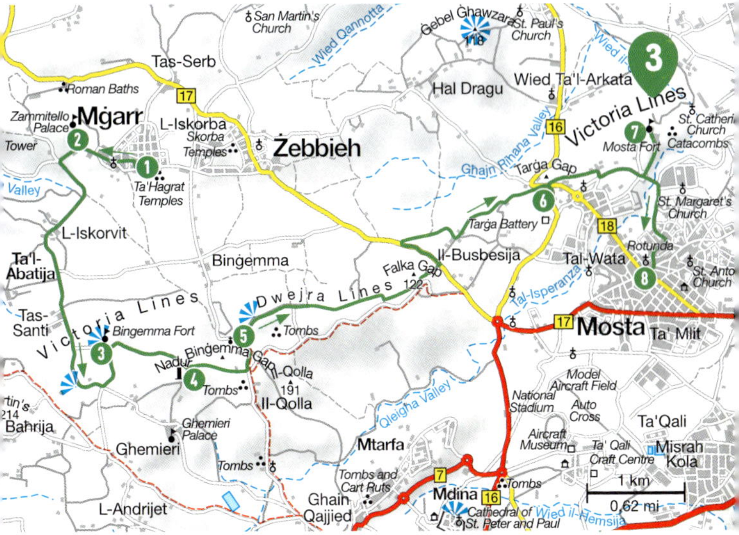

noch gut erhalten. Der Weg führt weiter zum ❹ **Nadur Tower**. Er steht auf 245 m Höhe über dem Meeresspiegel und ist damit das höchstgelegene Bauwerk der Insel.

❹ **Nadur Tower**

1 km 12 Min.

PICKNICK IN FELSGRÄBERN

Von hier geht es über Asphalt zur ❺ **Bingemma Gap**, einem von mehreren Einschnitten im Höhenzug der Victoria Lines. Dort steht eine kleine Kapelle, von der aus du in mehrere etwas tiefer gelegene römische Felsgräber hinabsteigen kannst – ein idealer Picknickplatz. Die schmale Asphaltstraße entlang der Victoria Lines endet dann nach gut zwei Stunden reiner Gehzeit an der breiten Hauptstraße zwischen Mosta und Mgarr (Linienbusverkehr). Ihr folgt man *nach links in Richtung Mgarr etwa 350 m weit und zweigt dann nach rechts ab* auf einen Feldweg. Er führt weiter zur ❻ **Targa Gap** und zur Geschützstellung **Targa Battery**. *Etwa 1 km nördlich* ist bereits das ❼ **Mosta Fort** zu sehen. In Felshöhlen unter dem Fort sind eine **Höhlenkapelle** und ehemalige Munitionslager zu erkennen. Vom Fort aus geht es zum Schluss der Wanderung über Asphalt hinein ins Städtchen ❽ **Mosta** ➤ S. 92, wo auch die Linienbusse abfahren.

❺ **Bingemma Gap**

5,5 km 70 Min.

❻ **Targa Gap**

2 km 25 Min.

❼ **Mosta Fort**

2 km 25 Min.

❽ **Mosta**

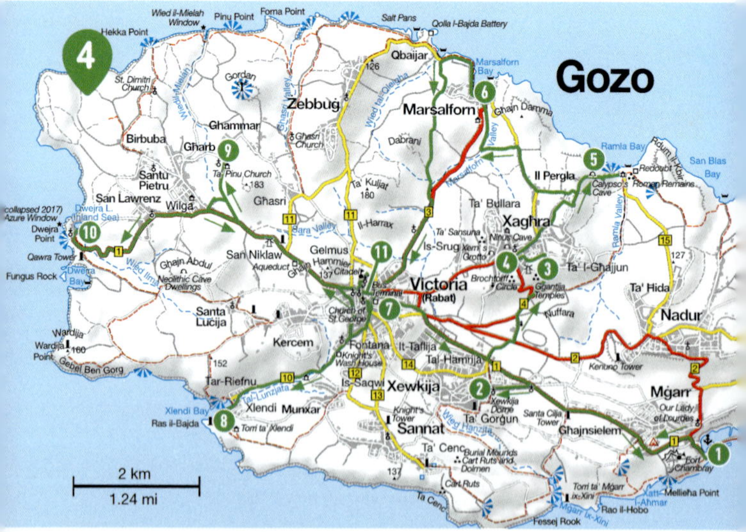

❹ EINE ANDERE WELT ERLEBEN: TAGESTOUR AUF GOZO

- ➤ Steilküsten und neolithische Tempel erkunden
- ➤ Die Schönheit von Gozos Inselhauptstadt entdecken
- ➤ Kajak oder Jetski fahren

Start: Fährhafen Mgarr auf Gozo	Ziel: Fährhafen Mgarr auf Gozo
47 km auf Gozo	1 Tag / reine Fahrzeit auf Gozo 2 Stunden

Meide die Massen und sei vor 9 Uhr auf Gozo. Fähren verkehren 24 Stunden täglich, bezahlt wird erst bei Rückfahrt ab Gozo. Dauer der Überfahrt: ca. 30 Min.

❶ Fährhafen Mgarr

4 km 5 Min.

PANORAMABLICKE UND KALYPSOS HÖHLE

Im gozitanischen ❶ **Fährhafen Mgarr** beginnt die Tour. *Gleich an der ersten Einmündung nach links Richtung Victoria (Rabat) abbiegen und der Inselhaupt-*

INSIDER-TIPP
Der Kirche aufs Dach steigen

straße durch Ghajnsielem und später der Ausschilderung nach ❷ **Xewkija** ➤ S. 116 *folgen*. Dort parkt man am besten an der **Rotunda** und **steigt in die Kuppel der Rundkirche, um zum ersten Mal weite Teile des Inselzwergs von oben zu überblicken**. Nach diesem schönen Weitblick *geht es zur Hauptstraße zurück und weiter Richtung Inselhauptstadt*. Bieg jedoch bald schon *rechts ab in Richtung Xaghra*. Gleich am unteren Ortseingang steht die Tempelanlage von ❸ **Ggantija** ➤ S. 115. Anschließend geht es *an der Windmühle vorbei* auf den Dorfplatz von ❹ **Xaghra** ➤ S. 115. Hier fällt die Wahl zwischen den vielen Lokalen schwer, in denen sich eine Kaffeepause empfiehlt. Gleich neben der Dorfkirche weist ein *Wegweiser zu* ❺ **Calypso's Cave** mit Panoramablick über die rotsandige **Ramla Bay** ➤ S. 119. Danach führt die Tour *hinunter in den Badeort* ❻ **Marsalforn** ➤ S. 115, in dem du gegen 12 Uhr im Lounge-Restaurant **Otters** *(St Mary's Street | €€)* direkt am Meer gut zu Mittag essen kannst.

ZU FUSS DURCH DIE INSELHAUPTSTADT UND AB AN DIE SÜDKÜSTE

Nächstes Ziel ist die Inselhauptstadt ❼ **Victoria (Rabat)** ➤ S. 110. Den Wagen am besten auf dem zentrumsnahen Parkplatz neben dem Busbahnhof abstellen – zu erreichen, indem man *aus Marsalforn kommend die breite Hauptstraße von Victoria quert und dann gleich nach links einbiegt*. Nach der ausgiebigen Besichtigung der **Cittadella** *geht es in Richtung Südküste* nach ❽ **Xlendi** ➤ S. 114. Hier kann man gut schwimmen, sich ein Motorboot oder einen Jetski für eine Spritztour und auch ein Tret- oder Ruderboot mieten. *Über Victoria führt die Tour weiter gen Westen*. Lohnend ist ein kurzer Abstecher zur schön und einsam gelegenen Wallfahrtskirche ❾ **Ta' Pinu** ➤ S. 113, bevor du die nur von einem Felsriegel vom Meer getrennte ❿ **Dwejra Inland Sea** ➤ S. 113 ansteuerst. Von dort geht es nun schnurstracks nach **Victoria (Rabat)** zurück, wo man im Café ⓫ **Jubilee** direkt am Hauptplatz exzellent zu Abend essen kann, bevor man sich wieder auf den Weg zum ❶ **Fährhafen Mgarr** macht.

- ❷ Xewkija
- 3,5 km 10 Min.
- ❸ Ggantija
- 1 km 2 Min.
- ❹ Xaghra
- 2 km 3 Min.
- ❺ Calypso's Cave
- 4 km 5 Min.
- ❻ Marsalforn
- 5 km 8 Min.
- ❼ Victoria (Rabat)
- 5 km 10 Min.
- ❽ Xlendi
- 6 km 12 Min.
- ❾ Ta' Pinu
- 4 km 8 Min.
- ❿ Dwejra Inland Sea
- 6 km 12 Min.
- ⓫ Jubilee
- 6,5 km 12 Min.
- ❶ Fährhafen Mgarr

5 GOZOS SCHÖNE KÜSTEN: WANDERN VON MARSALFORN NACH GHASRI

- Gozos schöne Künsten ganz gemächlich genießen
- Baden im versteckten Fjord
- Die faszinierende Geometrie der Salinen wahrnehmen

Start	Hafen von Marsalforn	Ziel	Hafen von Marsalforn
Länge	7 km	Dauer	3–4 Stunden / reine Gehzeit 2 Stunden
Schwierigkeit	Strecke: sehr leicht	Anstieg	Höhenmeter: 230 m

Schattenlose Wanderung, am besten spätestens um 8.30 Uhr starten.
Busfahrpläne mit genauem Routenverlauf für Gozo findest du auf *publictransport.com.mt*.

1 Hafen von Marsalforn

2 km 25 Min.

2 Xwejni Bay

2 km 25 Min.

3 Wied Il-Ghasri

KÜSTENFORMATIONEN WIE IM BILDERBUCH

Die Tour startet am 1 Hafen von Marsalforn ➤ S. 115 Von dort *der Uferstraße in Richtung Westen* folgend kommt man zunächst an die noch zu Marsalforn gehörende Qbajjar Bay und dann an die 2 Xwejni Bay ➤ S. 120 mit ihren fantastischen Küstenformationen, die an in Sandstein verwandelte, sich überschlagende Wellen erinnern.

SALINEN UND EIN MINI-FJORD

Hier beginnt auch das Felsplateau direkt am Meer, in das Generationen von Gozitanern flache Becken zur Salzgewinnung eingeschlagen haben. Schön ist es, auf den schmalen Stegen zwischen den Becken entlangzubalancieren. Und sicher wird die Formenvielfalt der Salinenbecken so manchen Fotografen zu abstrakten Bildmotiven inspirieren. Kurz nachdem sich später der Weg vom Meer landeinwärts gewandt hat, führt nun ein *kurzer Trampelpfad nach rechts hinunter* an einen nur zimmergroßen Strand. Er liegt am inneren Ende des etwa 100 m langen, sehr schmalen Miniaturfjords 3 Wied

Il-Ghasri, der sich dem Meer entgegenwindet.

INSIDER-TIPP
Allein im Fjord

SCHNORCHELN ODER SONNEN?
Wer mag, kann hier schnorcheln oder das kleine Tal vom Strand bis zur Küste durchschwimmen und die Einsamkeit genießen. Andere Urlauber sind selten hier anzutreffen, denn es gibt weder eine Beachbar noch eine Sonnenschirmvermietung.

Zurück *auf den Hauptweg geht es an der nächsten Gabelung nach rechts* und an den kleinen Steinaufhäufungen entlang, die hier Feldbegrenzungen markieren. Nach 30 m stößt du auf einen *breiten Pfad, auf den du nach links oben einbiegst*. Rechts hinter weiten Kakteenfeldern ist ein Leuchtturm zu sehen, vor dir schon die Dorfkirche von ❹ **Ghasri**, der Endpunkt der kleinen Wanderung. An ihr befindet sich auch ein kleines Café, in dem man sich niederlassen kann, bis der Bus kommt, um mit *Umsteigen in Victoria (Rabat) zum* ❶ **Hafen von Marsalforn** zurückzufahren.

3 km 40 Min.

❹ Ghasri

5 km 13 Min.

❶ Hafen von Marsalforn

Noch immer werden die römischen Salinen der Xwejni Bay bewirtschaftet

GUT ZU WISSEN

DIE BASICS FÜR DEINEN URLAUB

ANKOMMEN

ANREISE

Zum hochmodernen *Luqa International Airport* auf Malta fliegen u. a. Air Malta, Condor, Eurowings, Ryan Air, Austrian, Swiss und Lufthansa. Die Flugzeit beträgt 2,5–3 Stunden.

Von hier fahren die Linienbusse X1 bis X4 sowie 119 in viele Orte auf Malta und auch nach Cirkewwa, dem Fähranleger auf Malta. Tickets können im Terminal oder im Bus gekauft werden. Günstig ist auch ein Transfer mit dem Minibus, der im Voraus telefonisch, per Internet oder auch in der Gepäckausgabehalle bei *Malta Transfer (Preis z. B. nach Bugibba ca. 10 Euro, nach Cirkewwa ca. 12 Euro | Tel. 79 64 64 81 | maltatransfer.com)* gebucht werden kann.

INSIDER-TIPP
Shuttle-Service

Am Taxischalter in der Ankunftshalle kann man auch ein Taxi zum Festpreis mieten *(Kosten z. B. nach Valletta 17 Euro, Sliema 20 Euro, Bugibba 28 Euro, Cirkewwa 37 Euro | maltairport.com)*.

Vielleicht will man auch per Schiff nach Malta und Gozo reisen? Auch das ist von Italien aus möglich, denn schnelle Katamarane, die auch Autos bis zu einer Höhe von 2,20 m transportieren, verbinden Malta im Sommer bis zu zwölfmal, im Winter drei- bis viermal wöchentlich mit den sizilianischen Häfen Pozzallo oder Catania. Detaillierte Informationen erhält man über *Virtu Ferries (Xatt il-Ghassara tal-Gheneb | Virtu Passen-*

Adapter Typ G

240 V Wechselstrom; ein dreipoliger Adapter ist erforderlich.

Das Meer immer im Blick: Radfahrer in der Xwejni Bay auf Gozo

ger Terminal | Tel. 22 06 90 22 | virtuferries.com).

EINREISE

Für Schweizer und EU-Bürger genügt zur Einreise ein gültiger Personalausweis, Kinder bis zu 12 Jahren benötigen einen Kinderpass.

WEITER-KOMMEN

BUSSE

Das Linienbusnetz auf Malta und Gozo ist ausgezeichnet. Die Fahrpreise sind günstig, die Informationen auf der Website *publictransport.com.mt* fast perfekt, aber nur auf Englisch und Maltesisch. Zwei Stunden gültige Einzeltickets kosten 2 Euro. Fahrten mit Nachtbuslinien kosten ganzjährig 3 Euro. Der Wochenpass *Esplore Card* für alle Linien ist für 21 Euro zu haben (Kinder bis zu 10 Jahren zahlen 15 Euro).

Einzeltickets sind beim Fahrer erhältlich. Wochenpässe kauft man in den Büros der Busgesellschaft in der Ankunftshalle des Flughafens sowie an den Busbahnhöfen von Valletta, Bugibba, Victoria/Gozo und Sliema Ferries sowie in zahlreichen Geschäften und Lottobüros (Liste im Internet). Alle Tickets können auch mit Debit-/Kreditkarte bezahlt werden. Genaue Fahrpläne hängen an allen Haltestellen aus; der jeweils nächste Stopp wird im Bus angezeigt und angesagt.

Teurer, aber auf jeden Fall bequemer sind die Hop-on-Hop-off-Busse von *Malta Sightseeing (Tel. 21 69 49 67 | maltasightseeing.com).* Die Cabrio-Doppeldecker fahren auf zwei unterschiedlichen Routen auf Malta (Nordmalta: blaue Tour, Südmalta: rote

Tour) und einer auf Gozo (grüne Tour) und steuern dabei viele touristisch interessante Ziele an. Man kann an jeder beliebigen Haltestelle ein- und aussteigen; während der Fahrt gibt's über Kopfhörer Informationen (in 16 Sprachen). Das Tagesticket für je eine der Touren kostet 22 Euro. Der Transfer von jedem Hotel auf Malta zu einem der Startpunkte und zurück ist bereits enthalten. Die Busse verkehren auf Malta alle 30, auf Gozo alle 45 Minuten. Startpunkt der Touren auf Malta ist *Sliema Ferry*, auf Gozo *Victoria*. Im Sommerhalbjahr gibt es zusätzlich die Tour „Malta by Night".

FÄHRVERKEHR

Zwischen Cirkewwa im Norden Maltas und Mgarr auf Gozo werden im Sommer täglich 33 Überfahrten rund um die Uhr angeboten, Nov.–Mai nur ca. 22 Fahrten 5.45–23.30 Uhr (Fahrzeit ca. 30 Min.). Hin- und Rückfahrt kosten ca. 4,70 Euro, für Kinder (3–12 Jahre) sowie für Fahrräder ca. 1,20 Euro und für Autos inklusive Fahrer ca. 16 Euro.

Für die Fahrt von Malta nach Gozo benötigt man kein Ticket; diese werden nur am Fährterminal auf Gozo verkauft und beinhalten automatisch Hin- und Rückfahrt. *Info: Gozo Channel Company (Tel. 22 10 90 00 | gozo channel.com).*

Kleine Boote pendeln in der Saison den ganzen Tag über zwischen Mgarr, Comino und Cirkewwa. Zwischen Sliema und Valletta sowie zwischen Valletta und Vittoriosa/Birgu gibt es eine Personenfähre. Die Buslinie 133 verbindet die beiden Fähranleger Vallettas miteinander und mit dem Stadtzentrum (2 Euro).

Wassertaxis verkehren zwischen der Valletta Waterfront, Vittoriosa (Anleger unterhalb der Kirche San Lawrenz) und Senglea (2 Euro/Person). Wer mag, kann eine ganz private, romantische Hafenrundfahrt mit einer gemieteten *dghajsa* unternehmen.

MIETFAHRZEUGE

Dank der starken Konkurrenz unter den Mietwagenfirmen auf Malta sind die Tarife außerhalb der Hochsaison niedrig. Das Mindestmietalter beträgt 21 Jahre (Aufpreis für Fahrer unter 25), der nationale Führerschein genügt. Auch der kleinste Kratzer wird bei Wagenübergabe im Foto festgehalten. Empfehlenswert ist eine Vollkaskoversicherung. Achtung: Es muss bei jedem noch so kleinen Unfall unbedingt die Polizei gerufen werden!

Auf Malta und Gozo herrscht Linksverkehr. Trotzdem hat derjenige Vorfahrt, der von rechts kommt. Im Kreisverkehr haben, wenn nicht anders angegeben, die Fahrzeuge, die sich bereits im Kreis bewegen, Vorfahrt. Als Höchstgeschwindigkeit erlaubt ist in Ortschaften 50 km/h, auf Landstraßen 80 km/h. Die Verkehrsdisziplin auf Malta ist gut, denn die Bußgelder sind hoch und beginnen meist bei 100 Euro. Die Hauptstraßen sind gut ausgebaut, jedoch sind kleine Nebenstraßen manchmal voller Schlaglöcher. Die Promillegrenze beträgt 0,8.

TAXI

Auf Malta gibt's mehrere, voneinander unabhängige Taxiunternehmen.

FESTE & EVENTS

RUND UMS JAHR

FEBRUAR/MÄRZ

Karneval (Valletta, aber auch in vielen Dörfern) mit Umzügen, Tanzwettbewerben und Maskeraden (Foto)

MÄRZ/APRIL

Karfreitag (in 14 Dörfern) aufwendige Prozessionen

Ostersonntag (Vittoriosa, Senglea und Cospicu) prächtige Prozessionen mit lebensgroßer Christusfigur

Feuerwerksfestival (Grand Harbour) Ende April, am besten zu sehen von der Barriera Wharf in Valletta

MAI

World Music Festival (Fort St. Elmo in Valletta) Mitte Mai zwei Tage lang

JUNI

Isle of MTV (Floriana) Europas größtes kostenloses Open-Air-Festival mit internationalen Pop- und Rockbands, Ende Juni

Mnarja-Fest (Buskett Gardens) am Abend des 28. Juni Musik mit Gesang und Illumination, am nächsten Nachmittag traditionelle **Pferderennen** (Rabat)

Victoria International Arts Festival (Gozo) Mitte Juni–Mitte Juli mit klassischer Musik, Tango, Jazz

JULI

Festas (Birkirkara, Fleur de Lys, Hamrun, Luqa, Rabat und Sliema) am 1. Sonntag mit Feuerwerk

Malta Jazz Festival (Valletta Waterfront) an drei Tagen, Mitte Juli

15. AUGUST

Santa-Marija-Feste in vielen Orten, so in Mgarr, Mosta, Gudja und Qrendi

SEPTEMBER/OKTOBER

Great Siege Regatta (Grand Harbour) am 8. September mit den traditionellen Ruderbooten und Volksfest

Notte Bianca (Valletta) eine Samstagnacht lang im Oktober. Konzerte aller Art auf Straßen, Plätzen, in Palästen und Museen, Ende des Monats

Man bestellt ein Taxi vor oder besteigt es an den Standplätzen. Taxis auf der Straße anzuhalten ist unüblich. Die Kosten sind etwas niedriger als bei uns.

IM URLAUB

AUSKUNFT

Tourist-Information *(c–d4)*
Auberge d'Italie | 28 Melita Street | Valletta | Tel. 2 12 20 01 93

Gozo Information Office *(c4)*
17 Independence Square | Victoria | Tel. 22 91 54 52

Fremdenverkehrsamt Malta
- Schillerstr. 30–40 | 60313 Frankfurt/M. | Tel. 069 2 47 50 31 30 | visitmalta.com
- Opernring 1/R/5/547 | 1010 Wien | Tel. 01 5 85 37 70 | wien@urlaubmalta.com
- Flughafen | 8060 Zürich | Tel. 4 38 16 30 15 | switzerland@urlaubmalta.com

ERMÄSSIGUNGEN

Mit der 10 Tage gültigen *Malta Discount Card (20 Euro)* können alle in Museen, Tempelanlagen und auch in vielen Restaurants ordentlich sparen *(maltadiscountcard.com)*. Auch ohne diese Karte zahlen Jugendliche und Studenten sowie Senioren ab 60 Jahren auf Malta und Gozo bei vielen Sehenswürdigkeiten ermäßigte Eintrittspreise. Personalausweis oder Studentenausweis nicht vergessen! Für alle, die Maltas historische Sehenswürdigkeiten und Museen nahezu vollständig abarbeiten wollen, gibt es den *Multisite Pass*. Er gilt für 27 Museen, Paläste und archäologische Stätten, ist 30 Tage lang gültig. Erwachsene zahlen 50, Studenten und Senioren 38, Kinder 25 Euro. 10% Ermäßigung in den Museumshops gibt's damit auch. Zu kaufen auch auf *shops.heritagemalta.com*.

FEIERTAGE

1. Jan.	Neujahr
10. Feb.	Schiffbruch des Apostels Paulus
19. März	St. Joseph
31. März	Freiheitstag
März/April	Karfreitag
	Ostersonntag
1. Mai	Tag der Arbeit
7. Juni	Nationalfeiertag
29. Juni	St. Peter und Paul
15. Aug.	Mariä Himmelfahrt
8. Sept.	Ende der Großen Belagerung
21. Sept.	Unabhängigkeitstag
8. Dez.	Mariä Empfängnis
13. Dez.	Tag der Republik
25. Dez.	Weihnachten

GELD

Landeswährung ist seit 2008 der Euro. Die Münzen zeigen das Malteserkreuz und einen Altar aus dem prähistorischen Tempel von Mnajdra. Bargeldautomaten sind in allen größeren Orten zahlreich vorhanden.

INSELRUNDFAHRTEN

Halb- und ganztägige Touren mit dem Reisebus und staatlich lizenziertem Fremdenführer werden das ganze Jahr über angeboten. So gibt es Halbtagesausflüge nach Valletta mit

dem Besuch von Co-Kathedrale, Museen und Malta Experience *(ca. 40 Euro)* oder nach Mdina mit Besuch der Dingli Cliffs und der San Anton's Gardens *(ca. 30 Euro)*.
Ebenfalls auf dem Programm stehen Ganztagestouren nach Gozo *(ab ca. 60 Euro)*, Ganztagesfahrten durch den Süden der Insel mit Besuch von Hagar Qim und Marsaxlokk *(ca. 55 Euro)*, Abendfahrten nach Mdina sowie organisierte Besuche von *festas (ca. 20 Euro)*. Die Eintrittsgelder und bei Tagesausflügen auch das Mittagessen sowie ein Abholservice vom Hotel sind in den Preisen zumeist inbegriffen.
Außer Bustouren werden auch leider sehr wenig umweltfreundliche Jeeptouren *(ganztags ab ca. 65 Euro)* angeboten sowie zahlreiche Bootsausflüge bis hinüber nach Sizilien. Es lohnt sich, alle Preise zu vergleichen, da unter den Anbietern ein heftiger Wettbewerb herrscht.

RAUCHEN

In allen maltesischen Bussen, Restaurants, Bars, Cafés, Hotels und Diskos sowie in allen öffentlichen Einrichtungen herrscht striktes Rauchverbot. Im Abflugbereich des Flughafens gibt es eine Raucherterrasse mit vollem Blick auf das Flugfeld.

STANDARDÖFFNUNGSZEITEN

Für fast alle staatlichen Museen und archäologischen Stätten gilt als Standardöffnungszeit 9–17 Uhr. Doch auch hier gibt es temporäre immer wieder Ausnahmen. Aktuelle Angaben von Eintrittspreisen und Öffnungszeiten sind zu finden unter *heritagemalta.org*.

TELEFON & HANDY

Die Vorwahl für Telefongespräche nach *Malta und Gozo* lautet *00356*. Die Vorwahl für Gespräche von *Malta nach Deutschland* lautet *0049*, nach *Österreich 0043*, in die *Schweiz 0041*. Anschließend muss die Ortsvorwahl ohne 0 gewählt werden.
Telefonzellen werden auch auf Malta immer seltener; wie überall nutzt man auch hier eher das Handy. Für Vieltelefonierer lohnt der Kauf einer maltesischen SIM-Card in Telekommunikationsgeschäften wie Vodafone oder Go (Filialen befinden sich auch in der Ankunftshalle des Flughafens).

WAS KOSTET WIE VIEL?

Espresso	**1,50 Euro** *für einen Espresso in der Bar*
Wein	**ab 12 Euro** *für eine Flasche Wein im Restaurant*
Gebäck	**3 Euro** *für ein Stück Torte im Café*
Strand	**10 Euro** *für einen Sonnenschirm und zwei Liegen*
Taxi	**1,50 Euro** *pro gefahrenen Kilometer*
Benzin	**1,40 Euro** *pro Liter Super bleifrei*

TRINKGELD

In einigen Restaurants ist kein Bedienungsgeld im Rechnungsbetrag enthalten; in diesem Fall gibt man rund zehn Prozent, sonst wie bei uns.

ÜBERNACHTUNGS-ALTERNATIVEN

Wer das Besondere sucht, bucht ein *razzett:* eins der traditionellen ländlichen Ferienhäuser auf Gozo – Fincas auf Gozitanisch *(gozovillage.com, gozofarmhouses.com).* Oder wohnt in Valletta in einem Apartment in einem historischen Palazzo *(livingvalletta.com, vallettavintage.com)* und in Mdina im einzigen Hotel innerhalb der Stadtmauern *(xarapalace.com.mt).*

Jugendherbergen

Auf Malta gibt es Jugendherbergen in Bugibba, Sliema und Gzira, auf Gozo in Ghajnsielem. Sie gehören dem Internationalen Jugendherbergsverband IYHF an. Infos erhältlich über *NSTS (220 St Paul Street | Valletta | 25 58 80 00 | hihostels.com).*

Camping

Ein moderner Campingplatz liegt an der Nordküste Maltas, wo man auch voll eingerichtete Wohnwagen mieten kann: *L'Ahrax tal-Mellieha* *(H5)* *(Tel. 21 52 11 05 | malta.com | ab 15 Euro pro Stellplatz, Wohnwagen für 4 Personen ab 35 Euro pro Nacht).*

WLAN

Ein kostenloser WLAN-Zugang *(WiFi Hot Spot)* ist auf vielen öffentlichen Plätzen eingerichtet, auch immer mehr Cafés und Bars bieten kostenlosen Internetzugang an. Teure Hotels erheben allerdings teils immer noch eine Gebühr dafür.

NOTFÄLLE

DIPLOMATISCHE VERTRETUNGEN

Deutsche Botschaft

Whitehall Mansions 3/Ta' Xbiex Seafront | Ta' Xbiex | Tel. 22 60 40 00 | valletta.diplo.de

Österreichisches Konsulat

8 Sir Temi Zammit Av. | Ta' Xbiex | Tel. 21 22 15 97 | austrianconsulate@maltanet.net

Schweizerisches Generalkonsulat

M. Lowell | 6 Zachary Street | Valletta | Tel. 21 24 41 59 | valletta@honrep.ch

GESUNDHEIT & ÄRZTLICHE VERSORGUNG

Die ärztliche Versorgung ist auf beiden Inseln generell gut. Obwohl die *European Health Card* akzeptiert wird, ist eine zusätzliche Auslandskrankenversicherung auf jeden Fall empfehlenswert.

Apotheken sind Mo–Sa 8.30–13 und 16–19 Uhr geöffnet. Über Notdienste informieren die Zeitungen.

Besondere Vorsorgemaßnahmen sind nicht notwendig, an den felsigen Badestellen sollte man jedoch Badeschuhe als Schutz vor Seeigeln tragen.

Das Leitungswasser in Malta ist zum Zähneputzen geeignet, aber wenig schmackhaft.

NOTRUF & NOTARZT

Die *Telefonnummer (112)* gilt auf Malta und Gozo für Krankenwagen, Feuerwehr, Polizei und Notarzt.

WICHTIGE HINWEISE

REISEZEIT

Malta ist vor allem wegen seiner vielen historischen Sehenswürdigkeiten ein Ganzjahresziel. Hotels, Restaurants, Sprachschulen und Souvenirgeschäfte sind rund ums Jahr geöffnet. Das Mittelmeer übersteigt zwischen April und November die Bibbermarke von 18 °C, Schnee fällt fast nie. Die Natur gibt sich im Frühjahr am farbenprächtigsten. Im Juli und August erlischt oft der Aktivitätsdrang der Urlauber, denn dann können die Höchsttemperaturen an manchen Tagen 35 °C und mehr erreichen. Sehr reizvoll ist auch die hier fröhlich statt besinnlich begangene Adventszeit. Viele Hauptstraßen sind farbenfroh beleuchtet, aus Lautsprechern erklingen Weihnachtslieder.

ZOLL

Waren zum persönlichen Gebrauch dürfen von EU-Bürgern zollfrei ein- und ausgeführt werden (pro Erwachsenen u. a. bis zu 800 Zigaretten und 10 l Spirituosen). Für Schweizer gelten wesentlich geringere Freimengen (u. a. 250 Zigaretten und 5 l Spirituosen). Weitere Informationen auch unter *zoll.de*.

WETTER AUF MALTA

Hauptsaison
Nebensaison

	JAN.	FEB.	MÄRZ	APRIL	MAI	JUNI	JULI	AUG.	SEPT.	OKT.	NOV.	DEZ.
Tagestemperaturen	15°	15°	17°	19°	23°	28°	30°	31°	28°	24°	20°	17°
Nachttemperaturen	10°	10°	10°	12°	15°	19°	21°	22°	21°	18°	14°	11°
Sonnenschein Stunden/Tag	6	7	8	9	10	12	12	12	9	7	6	5
Niederschlag Tage/Monat	12	7	6	4	2	0	0	1	3	9	10	12
Wassertemperatur in °C	15°	14°	15°	15°	18°	21°	24°	25°	24°	22°	19°	17°

Sonnenschein Stunden/Tag · Niederschlag Tage/Monat · Wassertemperatur in °C

SPICKZETTEL ENGLISCH

SMALLTALK

ja/nein/vielleicht	yes/no/maybe	jäs/nəu/mäibi
bitte/danke	please/thank you	plihs/θänkju
Wie bitte?	Pardon?	'pahdn?
Gute(n) Morgen!/Tag!/ Abend!/Nacht!	Good morning!/ afternoon!/evening!/ night!	gud 'mohning/aftə'nuhn/ ihwning/nait
Hallo!/Auf Wiedersehen!	Hello!/Goodbye!	hə'ləu/gud'bai
Ich heiße ...	My name is ...	mai näim is ...
Wie heißt du?/Wie heißen Sie?	What's your name?	wots jur näim?
Ich komme aus ...	I'm from ...	aim from ...
Entschuldigen Sie!	Excuse me!	iks'kjuhs mi
Das gefällt mir (nicht).	I (don't) like this.	ai (dəunt) laik Dis
Ich möchte ...	I would like to ...	ai wudd 'laik tə ...

ZEIGEBILDER

ESSEN & TRINKEN

Die Speisekarte, bitte.	The menu, please.	Də 'mänjuh plihs
Könnte ich bitte … haben?	May I have …, please?	mäi ai häw …, plihs?
Messer/Gabel/Löffel	knife/fork/spoon	naif/fohrk/spuhn
Salz/Pfeffer/Zucker	salt/pepper/sugar	sohlt/'päppə/'schuggə
Essig/Öl	vinegar/oil	'viniga/oil
Milch/Sahne/Zitrone	milk/cream/lemon	milk/krihm/'lämən
mit/ohne Eis/ Kohlensäure	with/without ice/gas	wiD/wiD'aut ais/gäs
Vegetarier(in)/Allergie	vegetarian/allergy	wätschə'tärian/'ällədschi
Ich möchte zahlen, bitte.	May I have the bill, please?	mäi ai häw De bill plihs
Rechnung/Quittung	bill/receipt	bill/ri'ssiht
bar/ec-Karte/Kreditkarte	cash/ATM card/ credit card	käsch/äi ti äm kahrd/ krädit kahrd

NÜTZLICHES

Wo ist …?/Wo sind …?	Where is …?/ Where are …?	'weə is...?'weə ahr …?
Wie viel Uhr ist es?	What time is it?	wot 'taim is it?
heute/morgen/gestern	today/tomorrow/ yesterday	tə'däi/tə'morəu/'jästədäi
Wie viel kostet …?	How much is …?	'hau matsch is …
Wo finde ich einen Internetzugang/WLAN?	Where can I find internet access/Wifi?	'weə känn ai faind 'internet 'äkzäss/waifai?
Hilfe!/Achtung!/ Vorsicht!	Help!/Attention!/Caution!	hälp/ə'tänschən/'koschən
Apotheke/Drogerie	pharmacy/chemist	'farməssi/kemist
Fieber/Schmerzen	fever/pain	fihvə/peyn
kaputt/funktioniert nicht	broken/doesn't work	'brəukən/'dasənd wörk
Panne/Werkstatt	breakdown/garage	'bräikdaun/'gärasch
Fahrplan/Fahrschein	schedule/ticket	'skädjuhl/'tikət
0/1/2/3/4/5/6/7/8/9/ 10/100/1000	zero/one/two/three/ four/five/six/seven/ eight/nine/ten/(one) hundred/(one) thousand	'sirou/wan/tuh/θri/fohr/ faiw/siks/'säwən/äit/nain/ tän/('wan) 'handrəd/ ('wan) θausənd

URLAUBS FEELING

ZUM EINSTIMMEN & AUSKLINGEN

LESESTOFF & FILMFUTTER

DER KAPLAN VON MALTA
Der einzige maltesische Roman, der je ins Deutsche übersetzt wurde (1977), ist nur noch auf Malta selbst oder aber antiquarisch erhältlich. Nicholas Monsarrats Buch erzählt von den Wirren des Zweiten Weltkriegs auf der Insel.

DAS SAKRAMENT
Der Bestseller von Tim Willocks (2006), im Malta des 16. Jhs. angesiedelt, ist nicht nur packend, sondern auch gut recherchiert und über 700 Seiten stark. Wem das zu viel Lesestoff ist: Den Roman gibt es auch als Hörbuch auf 21 CDs.

DER GRAF VON MONTE CHRISTO
Der Abenteuerroman von Alexandre Dumas wurde auf Malta mit Gérard Depardieu und Ornella Muti als Vierteiler fürs Fernsehen verfilmt (1998).

MÜNCHEN
In Steven Spielbergs Thriller (2005) mit Eric Bana und Daniel Craig über die israelische Reaktion auf die Geiselnahme bei den Olympischen Spielen ist die Insel in vielen Außenaufnahmen zu sehen. So mancher Ort wuchs im Film zur Metropole heran: So wurden aus Rabat sogar Rom und Athen.

PLAYLIST QUERBEET

0:58

IRA LOSCO – HIGH
Maltas erfolgreichste Sängerin. Rang 2 beim ESC 2002, 2016 immerhin Platz 12.

MUXU – SO GOOD
Der wohl bekannteste R'n'B-Musiker der Insel stammt aus Msida.

215 COLLECTIVE – Feel about it
Die Rapper aus Pietá nehmen Elemente des Hip-Hop aus aller Welt auf.

JOSEPH CALLEJA – NESSUN DORMA
Der Tenor aus Attard ist Maltas erfolgreichster Opernsänger.

CHIARA – Angel
Hiermit errang die maltesische Sängerin Rang 2 beim ESC 2005.

WEEPING SILENCE – EYES OF THE MONOLITH
Gothic, Doom und Metal sind ihr Ding. Damit haben sie es sogar zu Auftritten in Österreich geschafft.

Den Soundtrack zum Urlaub gibt's auf **Spotify** unter **MARCO POLO Malta & Gozo**

Oder Code mit Spotify-App scannen

AB INS NETZ

RADIO MALTA
Mit dieser App kannst du alle maltesische Radiostationen live empfangen.

TALLINJA
Die App bietet alles, was man braucht, um hier problemlos Bus zu fahren.

NATURETRUSTMALTA.ORG
Die Seite für alle Öko-Aktivisten, Tierschützer oder auch schlicht nur echte Naturfreunde.

ECABS MALTA
Die beste App, um ein Taxi zu rufen.

FILMTOURISMUS.DE/GAME-OF-THRONES-MALTA
Zu den Drehorten von Game of Thrones wollen sie alle. Zehn Schauplätze im Direktvergleich Film/Realität.

VALLETTACRUISEPORT.COM
Wissen, wann die Passagiere großer Kreuzfahrtschiffe Valletta und Mdina überschwemmen.

ALBUMS.VIEWINGMALTA.COM
12 000 Fotos, über 250 Videos zu allen Themen – mehr Bilder aus Malta und Gozo gibt es sonst nirgends zu sehen.

TRAVEL PURSUIT

DAS MARCO POLO URLAUBSQUIZ

Weißt du, wie Malta & Gozo ticken? Teste hier dein Wissen über die kleinen Geheimnisse und Eigenheiten von Land und Leuten. Die Lösungen findest du in der Fußzeile. Und ganz ausführlich auf den S. 18–23.

❶ Was hat man auf Malta viel zu wenig?
a) Bier
b) Wein
c) Trinkwasser

❷ Was ist den Maltesern unbedingt anzuraten?
a) Einen Schienenverkehr einzurichten
b) Den Weinbau auszuweiten
c) Die Vogeljagd zu verbieten

❸ Wer schätzt die EU so sehr wie die Malteser und will sie auf keinen Fall verlassen?
a) Die Litauer
b) Die Polen
c) Die Ungarn

❹ Wo entsorgt Malta seinen reichlich anfallenden Bauschutt?
a) Im Meer
b) In Tunesien
c) In Steinbrüchen

❺ Wie viele Englisch-Sprachschüler aus aller Welt kann Malta alljährlich verbuchen?
a) 800
b) 8000
c) 80 000

❻ Woraus bauen Malteser seit über 1000 Jahren ihre Häuser und Paläste?
a) Glas
b) Lehm
c) Muschelkalk

Lösungen: 1c, 2c, 3a, 4c, 5c, 6c

REGISTER

LOB ODER KRITIK? WIR FREUEN UNS AUF DEINE NACHRICHT!

Trotz gründlicher Recherche schleichen sich manchmal Fehler ein. Wir hoffen, du hast Verständnis, dass der Verlag dafür keine Haftung übernehmen kann.

MARCO POLO Redaktion • MAIRDUMONT • Postfach 31 51
73751 Ostfildern • info@marcopolo.de

Impressum
Titelbild: Auge des Oris, Fischerboot (AWL Images Ltd: R. Butcher)
Fotos: K. Bötig (151); DUMONT Bildarchiv: T. Schulze (28); J. Holz (47); huber-images: M. Bortoli (119), G. Cozzi (106/107), R. Schmid (6/7, 54/55, 74, 84, 114, 146/147); M. Kirchgessner (18/19, 64, 120); Laif: G. Hänel (51), A. Hub (136/137); Laif/CAMERA PRESS: C. Molden (10); Laif/Challenges-REA: H. Bigo (61); Laif/Redux: A. Mamo (23); mauritius images: R. Elsen (80/81); mauritius images/age fotostock: C. Goupi (148), J. C. Muñoz (66/67); mauritius images/Alamy (26/27, 27, 32/33, 56, 62, 70/71, 105, 111, 126), G. Balfour Evans (77, 103), E. Blanco (12/13), V. P. Borg (89), Ivoha (116/117), J. Kruse (96/97), E. Linssen (11, 24/25), V. Onyshchenko (78), P. Scholey (58/59), R. Scott-Alexander (9), N. Setchfield (30/31), A. Souter (90), K. Sriskandan (31), S. Staszczuk (100), Yegorovnick (Klappe vorne außen, Klappe vorne innen, 1); mauritius images/Alamy/Alamy Stock Photos: M. Kurmis (112/113); mauritius images/Alamy/eFesenko (Klappe hinten, 2/3, 92/93, 122/123); mauritius images/Alamy/Live News: A. Adams (128); mauritius images/Alamy/Photononstop: T. Bognar (87); mauritius images/blickwinkel: O. Protze (52/53); mauritius images/CuboImages (94); mauritius images/Imagebroker: Kohls (38/39); mauritius images/imageBROKER: F. Schneider (35), K. F. Schöfmann (20); mauritius images/imagebroker: E. Strigl (135); mauritius images/Prisma/VC-DLH (139); H. Mielke (14/15); Schapowalow: R. Schmid (8, 48); Schapowalow/4Corners: R. Taylor (44)

20., aktualisierte Auflage 2024

Autor: Klaus Bötig
Redaktion: Marlis von Hessert-Fraatz
Bildredaktion: Gabriele Forst
Kartografie: © KOMPASS-Karten GmbH, A-6020 Innsbruck unter Verwendung von Kartendaten: © MairDumont, D-73751 Ostfildern (S. 36-37, 125, 129, 131, 132, 135, Umschlag außen, Faltkarte); © KOMPASS-Karten GmbH, kompass.de unter Verwendung von © OpenStreetMap Contributors, osm.org/copyright (S. 40-41, 42-43, 65, 68, 72-73, 82-83, 86, 98-99, 108-109)
Als touristischer Verlag stellen wir bei den Karten nur den De-facto-Stand dar. Dieser kann von der völkerrechtlichen Lage abweichen und ist völlig wertungsfrei.
Gestaltung Cover, Umschlag und Faltkartencover: bilekjaeger_Kreativagentur mit Zukunftswerkstatt, Stuttgart; Gestaltung Innenlayout: Langenstein Communication GmbH, Ludwigsburg
Spickzettel: in Zusammenarbeit mit PONS Langenscheidt GmbH, Stuttgart
Texte hintere Umschlagklappe: Lucia Rojas
Konzept Coverlines: Jutta Metzler, bessere-texte.de
Printed in China

MIX
Papier aus verantwortungsvollen Quellen
FSC® C124385

MARCO POLO AUTOR
KLAUS BÖTIG
Viel Bewegung sucht der Bremer Reisejournalist anderswo. Auf Malta und Gozo schätzt er die angenehm kurzen Wege. Er liebt kulinarische Weltreisen im Umkreis weniger Kilometer. Ist kaum ins Bett zu kriegen, weil an jeder Ecke Events auf ihn warten. Selbst Zeitreisen erfordern hier wenig Energie: In den 5000 Jahre alten Tempeln fühlt er sich fast schon wie zu Hause.

BLOSS NICHT!

FETTNÄPFCHEN UND REINFÄLLE VERMEIDEN

FARBENBLIND SEIN
Weiße Linien am Fahrbahnrand bedeuten: Hier darf geparkt werden. Gelbe signalisieren ein absolutes Park- und Halteverbot, grüne Anwohnerparken. Auch die blauen erlauben nur den Anwohnern, von 21 bis 7 Uhr zu parken.

OBEN OHNE BADEN
In weniger katholischen Ländern wären die vielen Felsvorsprünge und kleinen Buchten, die Malta zu bieten hat, ideale Plätze für ein hüllenloses Bad, doch hier schwimmt man, wie es dem Papst gefällt.

EXOTISCHES KAUFEN
Maltesische Fischer sind nicht zimperlich, wenn ihnen Meeresschildkröten ins Netz gehen. Sie verkaufen ihre Panzer auf dem Markt. Ihr Import in die deutschsprachigen Länder ist verboten. Tabu sind auch Elfenbein, viele Meeresschnecken und Muscheln, ausgestopfte Fische und Vögel. Und natürlich auch Fakes von Markenkleidung.

ZU OFT AN DEN BANKAUTOMATEN
Ratsam ist es, besser einmal viel als mehrmals wenig Geld zu ziehen: Die einheimische Bank kassiert nämlich für jede Abhebung mit der Maestro Card bis zu 500 Euro eine Gebühr von mindestens 5 Euro, auch wenn man nur 50 Euro nimmt.

DEN LINKSVERKEHR VERGESSEN
Nicht nur als Autofahrer, auch als Fußgänger muss man auf Malta und Gozo den Kopf einschalten. Vorm Überqueren der Straße nach rechts, links und wieder rechts schauen! Am sichersten sind Zebrastreifen. Die werden hier strikt respektiert.